ALEXANDRE VIALATTE

La Maison du joueur de flûte

Géographie du Grand Tourment

PRÉFACE DE FERNY BESSON

ARLÉA

Dans Le Livre de Poche :

LA DAME DU JOB.

PRÉFACE

Bref roman jusqu'ici inédit, La Maison du joueur de flûte *fut écrit au cours de l'hiver 1943-44. Dans le temps intermédiaire entre* Le Fidèle Berger, *1942, et* Les Fruits du Congo, *1949. Autrement dit, entre la sortie du cauchemar de la défaite, de la folie, de la mort et le superbe épanouissement carnavalesque, la fête multicolore, grandiose et tragique où vont bientôt s'engouffrer les enfants frivoles de l'écrivain, Fred, Dora, les autres, leurs bons et leurs mauvais génies.*

La Maison du joueur de flûte *est une étonnante parabole poétique à la fois énigmatique et rigoureusement raisonnée. C'est une quête. Désemparé, étourdi, sollicité par trop de souvenirs, d'images et de questions, Alexandre Vialatte cherche minutieusement ce qu'il est, ce qu'il veut, ce qu'il peut. Quelles sont les clefs de ses exigences artistiques, leur vraie nature, les sources et les énigmes majeures de sa création littéraire. Mais loin d'analyser cette quête de son identité à la manière d'une thèse, il en fait un conte, si puissamment lucide et fou qu'il explique à fond, paradoxalement, ce qu'un exposé théorique ne parviendrait pas à démontrer.*

La mémoire du poète est tout animée de scènes et de personnages dont il a fait ses locataires; ils logent dans sa maison, y créent un grand remue-ménage. Ils s'amusent, somnolent, meurent ou festoient. Indociles, turbulents, tyranniques ou fuyants ils l'appellent ou le délaissent, le narguent, l'attirent dans des guets-apens. Ils le chassent, organisent des grèves, ils l'obsèdent. Ce sont eux les véritables maîtres des lieux, des décisions, des jeux. Le pauvre artiste a beau user de bonté, clémence, indulgence, il devient leur souffre-douleur comique et pitoyable. Surtout, il ne peut ni ne veut leur échapper : ils représentent à la fois son tourment et sa nécessité. Renoncer à eux serait renoncer à lui-même.

Mais qu'est-il? Le photographe qui s'acharne naïvement à capter les images nettes et apparemment ressemblantes de ses locataires? Avec une infinie persévérance, il s'épuise à les photographier. Résultats toujours navrants : groupes et portraits sont tous ratés, pris à contre-jour ou à contretemps, menteurs, inutilisables. L'artiste consciencieux et désolé voudrait comprendre ce qui se passe et il n'y parvient pas. Jusqu'au jour où il aperçoit enfin son erreur : toutes les photos sont prises sur une même plaque. Sa mémoire les a superposées. Sa vocation n'est pas de photographier mais d'interpréter. Mieux, de chanter sa petite musique. Il n'est pas un photographe mais un joueur de flûte. Il ne lui reste plus qu'à retrouver la flûte.

Comme dans un conte qui finit bien, ou dans la solution simple et soudaine d'un rébus embrouillé, il la retrouve facilement, là où de toute évidence elle devait l'attendre.

Pour arriver à cette solution claire, nette, brève, quel itinéraire encombré, confus, épuisant! Alexandre Vialatte mène sa quête avec la rigoureuse logique d'un rêveur lucide qui se débat parmi des ombres et des faux-semblants. A travers la troupe des locataires de sa Maison, vont et viennent les principaux personnages de sa personnelle mythologie : l'oncle Anselme et sa haute courtoisie, l'amusante, charmante tante Sophie, la dame de la Machine Singer qui souffle dans sa trompette d'or en haut des cimes et sur les murs lépreux, le petit nègre perspicace coiffé d'un melon, M. Forcefil jouant du piston, Salomé, fille de la comtesse et vouée à un destin mélodramatique, Perceron, bachelier en col marin et en culotte garçonnet étendu mort et déjà vert au fond de sa tranchée. Dansent, chantent et meurent tous ces Enfants frivoles *que Vialatte ressuscitera au hasard de ses œuvres, voués à l'excessif et au parodique – « dans l'amour, le suicide; dans l'armée, les spahis » – et Frédéric Lamourette, vêtu en toute saison d'un pantalon de bain de mer rayé, et l'emphatique principal du collège dans sa toge ou dans sa redingote fripée, la Chine, l'Afrique, la Dame blonde et les Hommes de Neige. Et même l'inquiétant et sentencieux M. Milch en gants blancs sales, chauve et satyre et qui découpe les oreilles de ses bergères assassinées avec un sécateur de la marque Brebis.*

Le Joueur de flûte, *c'est Alexandre Vialatte, visionnaire émerveillé et séquestré par ses visions. Elles le nourrissent et il les nourrit. Elles le font rire, divaguer, réfléchir, pleurer. Elles l'appellent et le torturent. Sa raison les nie mais ses yeux les voient. Leur absence même emplit de leur présence les chambres qu'elles ont abandonnées.*

Elles dessinent un ballet d'ombres – des ombres nettes. Elles fabriquent une alchimie dans laquelle l'envers explique l'endroit. Le bon sens même y devient fou. Et cependant, rien n'est plus harmonieux ni plus raisonnable que cette promenade à travers une patrie spirituelle foisonnante de notes, de visages et de couleurs, de mazurkas, de gibus et de casquettes de marins, de bulles d'ombres et de bulles de lumière, une farandole grave, ébouriffée, cousine de celles de Fellini.

Une vingtaine d'années après avoir écrit sa Maison du joueur de flûte, *on a vu Vialatte ému aux larmes après avoir admiré* Huit et demi : « *Ah! dit-il, si j'avais été cinéaste et si j'avais eu du génie, voilà ce que j'aurais voulu faire.* »

Ferny BESSON.

« J'ai à peine quelque chose de commun avec moi-même. »

FRANZ KAFKA

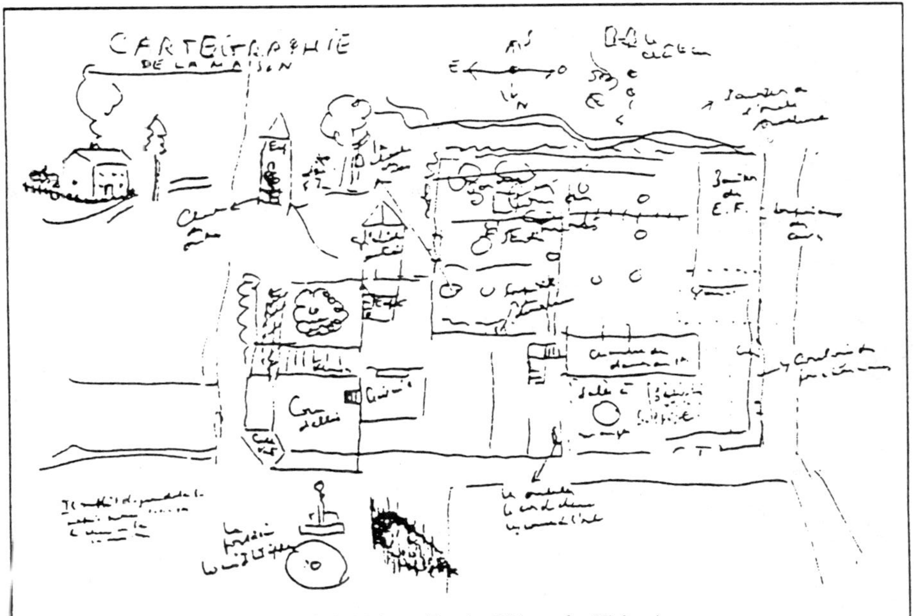

Topographie de la Maison. (Dessin d'Alexandre Vialatte)

J'ÉTAIS venu dans ce village pour y photographier mes anciens locataires et peut-être quelques nouveaux. Mais quelle entreprise difficile ! Quelle gageure ! Quelle témérité !

Ce vieux pays m'assiège et me tourmente. Je n'en finirai jamais de m'expliquer avec lui. Il bourdonne autour de ma tête comme une mouche qu'on ne peut pas chasser. Sa neige n'est pas la même qu'ailleurs, ses ombres ne sont pas les mêmes. J'en ai fait le tour bien des fois, comme un chien qui gratte à la porte et rôde autour de la maison, flaire des traces et réfléchit, s'égare et hurle un peu en regardant la lune, et ne voit, sur la place familière, que la fontaine Louis-Philippe (avec son urne dans le ciel) et les maisons qui découpent dans la nuit des rectangles noirs percés d'or comme des cartes postales de Noël. Mais le secret n'est pas du côté de la place, de la fontaine et des fenêtres d'or. Il est dans la vieille maison qui ne livre pas son énigme. Et le chien gratte, un peu craintif, le nez sur la trace, les oreilles traînant au sol. Il se fatigue et ne se décourage pas. Mais la vieille maison reste muette. Il se couche sans pouvoir entrer. Et la vieille maison vient tourner dans ses rêves. Il se remue sans s'éveiller et porte sa patte à la tête, machinalement, pour chasser les rumeurs. Parfois son geste le réveille. Peut-être, un jour, à force de soucis, d'inquiétude, de bonne volonté, parviendra-t-il à trouver une entrée. Ce ne sera peut-être qu'une chatière, au pied de la porte de la grange... Mais la pauvre bête sera devenue si étique qu'elle réussira à passer en se raclant durement les côtes et à trouver, franchi le grand couloir voûté, qui dut servir autrefois d'écurie, de l'autre côté de la seconde porte de bois, dans la cour aux gros pavés ronds où la nuit semble plus épaisse, en haut des deux arches de pierre, la porte de cette cuisine qui réunit les maîtres du logis, les uns debout, l'écuelle en main, d'autres assis, tenant le couteau la pointe en l'air dans leur poing fermé sur la table – et on les voit par la porte vitrée qui met du jaune dans la nuit.

Peut-être un vieil escalier vermoulu le mènera-t-il jusqu'à la porte des enfants.

Je sais à peu près ce qu'il y a dans cette chambre des enfants. Ou bien est-ce un faux souvenir? Il y a longtemps que je ne l'ai plus vue; mais je me rappelle d'une façon très précise une vieille table à toilette en acajou avec un dessus de marbre cassé. Le miroir rond manque dans le disque de bois peint qui était fait pour le contenir et qui peut pivoter horizontalement autour de son diamètre. On a remplacé le miroir par la photographie d'un artilleur velu qui a de grands galons sur les manches et une espèce de papillon sur le bras gauche et toutes sortes de symboles qu'il doit à sa grande compétence dans diverses spécialités; son sabre repose à côté sur une chaise rembourrée. Ailleurs, dans un placard tapissé de papier jaune, avec des fleurettes rouges disposées en losanges, on voit sur une gravure moderne, une dame en robe de style assise sur un canapé. Elle a de longs bras nus qu'elle allonge comme des ailes sur le dossier qu'elle tient dans ses mains en levant le petit doigt. Une casserole d'aluminium traîne au-dessous, sur un rayon.

Par la fenêtre, on voit un marronnier. Un grand, gros marronnier dont les feuilles couvertes d'une pluie récente sont vernies de surfaces brillantes emperlées de gouttes rondes. Et l'aurore brille à travers, entre les feuilles, comme sur une carte entre les arêtes précises et compliquées des continents. Mais d'autres fois, le marronnier remue ses feuilles lentement. Il les soulève lentement, toutes ensemble, ou presque toutes, et les remue, comme un chien qui se lève et qui secoue son poil. Alors, quand on le regarde faire, couché sur le lit d'acajou, on imagine un vent marin qui gonfle des voiles immenses; la mer vous porte. On est prêt à partir sur cette barque en bois des Iles : que les femmes étaient petites de la hune, sur la jetée, et des marins dans la voilure ont des rubans qui volent à la brise sur leurs chapeaux de toile cirée.

Cette chambre des enfants, avec ses murs de plâtre tout écaillés et couverts d'inscriptions, sent la misère et la fatalité. Un petit garçon en haillons y reste assis au pied d'une table Louis XVI sur laquelle charbonne une lampe à pétrole. Il regarde dans le vide avec de grands yeux noirs. Derrière lui, sur le plâtre du mur, on a écrit une multiplication au crayon dur; il a fallu racler et les chiffres qui font des ronds – les neuf, les six, les huit – ont des yeux écaillés. Et à côté, il y a la preuve par neuf avec son X et ses chiffres en losanges qui ont l'air d'une formule de sorcier.

Des enfants maigres et nerveux, bruns et agiles, courent en tablier noir et se juchent parfois sur l'étroite tablette de la cheminée de marbre dont le foyer de briques rouges est empli de papier brûlé que le vent rejette dans la chambre. Les enfants ont les doigts noircis par ces papiers qu'ils s'amusent à ramasser et à rapporter dans le foyer; mais le tablier de tôle ferme mal et le vent les rejette encore. Une âme noire, aigre et venteuse semble tourmenter ce logis. Mais les enfants courent avec agilité dans les doigts de ce vent tragique comme dans une eau qui rend vif, et, quand le vent commence à soulever le lourd feuillage du grand gros marronnier mouillé, il y a des jours (on n'ose pas le dire, on n'oserait pas le répéter) où l'on voit entre les grosses feuilles, à l'horizon, un grand pays tout plat, tout plat, avec de hauts bateaux qui glissent sur la terre. A peine ose-t-on parler.

Le premier qui les voit alors fait signe aux autres de se taire en mettant un doigt sur sa bouche. Et tous se taisent aussitôt et se bousculent pour venir à la fenêtre. Et il n'est pas jusqu'au plus jeune, celui qui est assis toujours au pied de la table, devant les multiplications, qui ne se lève aussi en silence et ne vienne derrière les autres, avec un petit tabouret, pour essayer de voir la chose. Ils se bousculent sans mot dire, et quand ils sont tous emboîtés, les uns devant, cramponnés à l'appui pour ne pas laisser prendre leur place, les autres derrière, haussés sur la pointe des pieds et tordant le cou pour mieux voir entre les têtes de leurs frères, et les derniers juchés sur le dos des seconds dans des positions difficiles ou sur le petit tabouret, ils regardent de tous leurs yeux, sans un souffle, et, quand c'est fini, ils se séparent en silence et ne reprennent pas leurs jeux. C'est comme une grande nouvelle qui viendrait d'arriver. Ils n'en disent rien à personne et ils n'en parlent pas entre eux. Mais de temps en temps l'un d'eux se sépare des autres et revient voir à la fenêtre; et il attend. Et tous les autres le regardent pour voir s'il se tourne vers eux en mettant un doigt sur sa bouche. Ils s'arrêtent dans leur travail ou dans leurs jeux au milieu du mouvement qu'ils avaient commencé et chacun d'eux fait signe aux autres de se taire. Les plus impatients se rapprochent du premier, et ils restent tous, les yeux ronds, la bouche ouverte et l'oreille tendue, comme si des voix leur parlaient.

Personne ne saura jamais le grand secret de la chambre des enfants quand le marronnier secoue ses feuilles; mais la promesse de l'aurore, derrière elles, est une chose telle, qu'ils chercheront toute leur vie la clef de l'escalier perdu et la fenêtre où l'on attend; et moins peut-être : la photographie de l'artilleur; et moins encore : les chiffres sur le mur. Même s'ils oubliaient le marronnier, ils n'oublieraient pas la fenêtre; même s'ils oubliaient la fenêtre, ils n'oublieraient pas la lueur; même s'ils oubliaient la lueur, ils ne pourraient oublier l'ombre, et même s'ils oubliaient l'ombre, ils ne pourraient pas oublier la porte ou le jeu des ombres des feuilles qui bougent dessus comme des mains. Et la poussière même du plancher suffirait à leur grande chasse. Et quand ils trouveront des feuilles ou des ombres, ou la lumière du matin, ou la poussière, ils s'arrêteront de parler. Ils ne sauront plus que se taire...

Peut-être un jour me sera-t-il permis de retrouver l'escalier noir dans l'aile droite et de me traîner jusqu'à la porte, en haut de la tour.

Peut-être aussi réussirai-je à mourir, un jour, de fatigue en pénétrant dans le couloir dallé au pied de l'escalier qui mène à la chambre des dames. C'est un vieil escalier de bois à angle droit, poli de cire et de fatigue, avec un rayon de soleil dans lequel tournent des poussières et qui semble monter les marches à mesure que l'heure avance. Je connais bien cet escalier et je sais bien ce qu'il y a dans la chambre, et pourtant je ne le sais pas. Comme un homme : on voit bien son corps, mais on ne peut pas voir son âme. Je sais que la fenêtre est profonde et carrée, et qu'au fond on voit un château. Il est tout blanc, sur la montagne, avec des tours. Mais quand le regard passe dessus très vite, il est tout rose et tout doré, comme les maisons à l'aurore. Autour, il y a des prés givrés, coupés par l'ombre des sapins. Je sais qu'il y a aussi de l'ombre dans la chambre, des vases de fleurs, des roses, des odeurs de naphtaline qui traînent autour de vieux placards, et un dé d'argent sur une table, un plancher ciré qui sent le miel, des flacons à gravures d'or, des pâtes de coing, de l'eau de violette et des choses étranges rangées au fond des malles. Ma grand-mère a vu le château et m'a dit ce qu'on y trouvait. Mais on n'en peut voir le chemin que de la fenêtre des dames.

Il y a aussi le réduit qui fait peur. Il est au pied de l'aile droite; on ne l'ouvre jamais. Il est placé sous l'escalier et on pourrait glisser le poing entre sa pierre usée et le bas de sa porte. Et là, sur cette dalle, dans la lumière froide qui doit venir d'un soupirail, on voit passer et remuer des ombres. Et cependant, il n'y a personne. Peut-être des fromages ronds qui sèchent sur de la paille, car on devine comme une odeur de lait caillé.

Rien n'est plus inquiétant que l'étrange tableau de ces ombres sur cette dalle avec cette porte fermée, car on sait bien qu'il n'y a personne dans la pièce. D'autre part, elles sont trop courtes pour qu'on devine ce qu'elles font. La raison souffre et l'imagination se perd. Le courant d'air glacé qui passe entre la porte et l'escalier transit les jambes du visiteur et amène parfois un brin de paille un peu moisie. J'en ai gardé un, une fois, je l'ai mis dans mon portefeuille. Quand je le sors, je revois l'escalier en spirales et les ombres qui se débattent.

Tous les enfants de la maison connaissent cette porte étrange. Tous cachent dans leurs poches ou dans leur portefeuille un brin de la paille qui fait peur. Ils sont là deux ou trois qui restent, même pendant les grandes vacances; ils jouent à la marelle ou traînent dans les couloirs. Il y a là Schuhmacher, le petit nègre, dont le père habite aux Iles; il porte toujours un melon et, jusqu'en août, un pardessus bleu marine, car il est affreusement frileux; il emprunte à ces accessoires un grand air de cérémonie qui contraste avec ses mollets puérils; et il y a aussi Jalibert, qui est le fils du gouverneur du Pacifique. Un pion mélancolique les surveille de loin. Ils rôdent à travers les salles vides; l'écorché leur tient compagnie dans la salle de sciences naturelles, le torchon de la craie en sautoir, comme l'écharpe d'Henri IV; et le soir les surprend souvent dans le vestiaire où demeurent deux ou trois malles. Par dix fenêtres très étroites et très hautes, on découvre toute une campagne dont le mystère vous serre le cœur. Jalibert, assis sur sa malle, lit des romans, et le surveillant, des livres de médecine. Souvent, Schuhmacher, dans la cour, chasse rageusement des pierres à grands coups de pied vers la murette du jardin couronnée de fleurs éclatantes. On attend une espèce de fête, une dame, un page, qui ne viennent jamais. Pas une feuille ne remue dans l'après-midi immobile. Alors, caché sous le rideau de serge de la penderie, l'un des enfants sort de son portefeuille le brin de paille de la pièce qui fait peur. Et on ne peut dire à quel point, joint à la tristesse des salles vides, du grand soleil et de la situation, ce souvenir mêle d'énigmes à la mélancolie de l'heure, ni combien, dans cette salle emplie par l'horizon qui déferle autour de trois malles et de trois enfants nostalgiques, on se sent perdu, sans espoir, sans explication, sans remède. Peut-être prennent-ils ici le goût dangereux de l'absence de joie : toutes les herbes font de la tisane, même la paille de la pièce qui fait peur. A quoi peuvent servir trois enfants, perdus dans un vestiaire pour cinquante élèves, un après-midi de septembre, quand le soleil exaspère l'éclat des fleurs au bord du jardin vide ? A quoi peuvent servir ces ombres qui se battent sous la porte qui fait peur ? et de quel monde viennent-elles ? Elles entraient sous le rideau de serge, elles s'allongeaient sur les murs, elles occupaient toute la vie.

Il y a toujours en moi des trains prêts à partir pour le vieux pays de mes songes et la maison du grand tourment. Ils ont des rideaux bleus où filtre parfois une raie d'or sur le quai de la gare et ses jardins, ses petites barrières ripolinées, ses roses, son timbre, ses tilleuls. On entend triller une caille. Le chef de gare a sa casquette blanche. Des employés courent en silence. D'autres, dans l'ombre, manipulent des appareils que l'on ne comprend pas et d'autres, suivant les stations, lancent des noms dont on ne peut saisir le charme sans une lointaine initiation, des noms qu'on se récite comme une incantation, comme un chapelet de fakir quand on est à l'autre bout du monde; des noms qui vous rident l'âme, qui créent des courants d'air, qui dilatent des parfums de tilleul dans des nuits tièdes, qui allument des étoiles au ciel et des coqs dans les granges et qui étalent tout d'un coup, comme des tapis brodés, des chants de vacances et des soirs de fête au clair de lune – quand la noce revient par les chemins de terre, les ternit, les rallume au loin, quand on regarde autour de soi, tout s'est éteint –; des noms qui vous laissent ensuite plus seul qu'une gerboise affolée sur la route de Port Saïd, derrière l'auto qui vient de passer comme un bolide.

Ce vieux pays de mon tourment est en moi et au fond de moi comme un souvenir, comme une tour des chansons, enfoui au fond des tourbières; et l'on entend parfois monter le son des cloches englouties. Il est en moi, au bout de moi, comme une promesse, comme une voile à l'horizon. Il est en moi, au bord de moi, sur le quai de mon âme, comme un vertige, comme un coup de sifflet de chef de gare qui fait partir tous les trains à la fois.

L'une des pièces qui m'intriguent le plus possède une fenêtre profonde au rez-de-chaussée de la maison. Les jours de neige on y voit un Chinois assis derrière, en robe jaune et absorbé par sa lecture. C'est le soir qu'il y vient surtout pour profiter du reflet de la neige qui prolonge la durée du jour. Il lit je ne sais quoi, sans jamais lever la tête, à la clarté de cette neige. Derrière lui on ne voit rien. On ne sait pas ce qu'il y a dans la pièce. Quand la nuit tombe, on le voit encore qui lit toujours. Ensuite, l'ombre est si épaisse qu'on ne voit plus rien. Il n'y a plus que la fenêtre noire dans le mur gris de la maison, et la neige sur le rebord, la neige à terre, et le ciel noir en haut de la petite rue. On entend parfois de l'eau qui coule par une gouttière.

Je quitte alors les alentours de la maison, épaisse comme un pudding au sommet de la butte où l'entoure un lacis de ruelles obscures. Mon ombre, sous le bec de gaz, commence à s'allonger devant moi. Quand je suis au bout de la rue, devant les ronciers et les prés, elle est si longue qu'elle s'étire jusqu'au bout de la vallée et se perd dans la forêt d'en face. Je me retourne et, bien souvent, je ne peux plus voir la maison. Je me frotte les yeux. L'ai-je rêvée? Je la perds tout le temps. Mais, d'autres fois, elle brille de toutes ses fenêtres dans la nuit, épaisse et forte et massive et vivante comme un gros phare en haut de l'horizon. Ses cheminées, ses girouettes, ses saillies, taillent à grands pans dans le ciel plein d'étoiles des profils de clefs, des dentures, des découpages compliqués comme des blasons.

Ce vieux pays plein de lueurs et de prestige aura ma peau. J'ai peut-être pris deux cents clichés de ce profil de ma maison sur la montagne. Et il n'y en a pas un de bon et ils se ressemblent si peu que j'hésite en les regardant à reconnaître ma demeure. Quand je suis loin, je finis par douter de son existence. Et cependant, je revois ce pays, ce grand pays couvert de neige où le vent souffle et tourmente les longs manteaux, au sommet de l'horizon blanc, sous le ciel noir qui écrase les rues.

J'en ai parlé à mes amis, mais c'est toujours un dialogue de sourds. Chacun me répond comme s'il la connaissait et nous ne parlons pas de la même maison. Même dans le pays, quel travail pour retrouver l'itinéraire, sous la neige ou sous les feuilles mortes ou sur les routes nues qui mentent encore plus. Je l'oublie chaque fois; au fait, je ne l'ai peut-être jamais bien su. J'ai interrogé bien des gens sur la route qui mène au village, la dernière fois que j'y suis allé. Il y en a qui me disent : « Une grande maison », et je réponds : « Une grande maison »; d'autres disent : « Une petite », et je réponds : « Une petite »; mais ce n'est jamais celle-là. Nous ne parlons jamais de la même. « Au nord? » « Au nord »; « Au midi? » « Au midi... » Tout ce que je sais, c'est qu'elle existe en quelque endroit sur ce sommet où le vent souffle; il y en a même peut-être plusieurs qui lui ressemblent mais ce n'est jamais vraiment la bonne.

On m'a dit que je l'inventais!...

Certains m'ont affirmé que c'était mon enfance, ou le passé; d'autres m'ont dit : « C'est l'avenir. » D'autres m'ont dit que c'était moi-même; d'autres mes songes; d'autres la vie. D'autres y voient comme un mirage venu du fond des couches inconscientes de l'esprit. Et chacun la décrit et donne des détails et veut prouver la vérité de son jugement, avec parfois de telles particularités que je finirais par le croire! D'autres m'ont dit que c'était la mort, et d'autres l'âme. Mais je sais bien que ce n'est pas la maison de la mort; je l'ai déjà vue : elle a un cintre surbaissé et la lumière n'est pas la même derrière la vitre, et l'homme qui se tient au fond de la salle est en jaquette avec un mètre dans la main. Du moins c'est ainsi que je l'ai vue dans des moments où je savais bien qu'il n'y avait pas moyen de douter que ce fût elle. Quant à l'âme, on la reconnaît au bruit de ses pas dans l'escalier; ça sonne comme dans une cathédrale. Mais la maison qui me tourmente est bien une maison de pierre, une pierre jaunâtre, mauve et grise, couleur de croûte de fromage. Les gens qui veulent tout expliquer sont trop savants et leur science les gêne pour comprendre. Je sais aussi que je suis chez moi dans la maison; je m'y retrouve; je m'y guide; je me rappelle mais seulement quand je vois les choses. C'est une espèce de patrie personnelle. Il paraît que chacun a la sienne mais ne la connaît pas toujours. Il y a des gens qui vivent sans eux-mêmes. Et les mieux partagés, dit-on, passent parfois toute leur vie à la chercher...

D'ailleurs, si elle n'existait pas, d'où me serait venue cette paille qui sent la pomme et le lait caillé?

Si seulement je pouvais un jour retrouver l'escalier de la chambre des enfants, voir le gros marronnier tout verni par la pluie et être là quand le veilleur fait signe aux autres... mais jamais je ne trouverai...

Comme mon cœur est avec eux! et mon tourment. Comme ils occupent ma pensée! comme ils sont présents à mon âme! et tantôt je suis avec eux, j'attends avec eux la nouvelle, tantôt, de la chambre des dames, je vois le château sans chemin; tantôt, dans l'escalier, je regarde les ombres; tantôt, le soir, je vois le Chinois, dans la ruelle, lire derrière la vitre glauque, à la lueur de la neige brillante. Jamais il ne lève la tête; jamais je n'ai vu son regard. Peut-être n'est-ce pas toujours le même? peut-être sont-ils deux? ou trois? peut-être sont-ils cent, deux cents? qui me dira ce qui se passe derrière le mur de ma maison?...

Il y a des jours où je finis par douter de leur existence; ou je me dis : « J'essaie de me duper moi-même, de croire que je les ai vus. » Mais je les épie, je vois leurs ombres sur les vitres; quand donc, pour la dernière fois, ai-je visité la vieille maison? J'ai exploré cent fois ses hauts couloirs de plâtre et sa mansarde où les vents jouent aux quatre coins et font gémir les murs comme un bateau de bois. J'ai des repères : il y a les marches du palier, il y a des coches dans la rampe. Etait-ce donc en songe? Alors, comment saurai-je? Mais, dans cette maison qui est à moi, pourquoi suis-je réduit à regarder les ombres qui se profilent sur les vitres et à imaginer les choses seulement?

Et ce qu'il y a de pire, c'est cette porte sous laquelle passent des ombres qui ne sont jetées par personne.

Alors?...

Peut-être est-il des ombres qui se détachent de leurs corps et qui mènent leur destin d'ombres dans le vide? Mais où les gens sont-ils passés?

Trois petites chambres, au rez-de-chaussée, m'intriguent souvent plus que toutes les autres. Elles sont semblables, et leurs portes se suivent, toutes pareilles, peintes de frais, banales et neuves, aménagées sans style dans le vieux bâtiment. Elles prennent jour sur la ruelle par une lucarne en losange. On ne voit rien dedans, sinon trois murs de plâtre, et, dans la première, un miroir.

C'est un vieux petit miroir à barbe, à cadre noir et rond, avec un filet d'or. Quand on regarde par la lucarne, on se voit soi-même dans le miroir; on voit ses yeux, son nez, sa bouche en plus petit. C'est une étrange impression quand on regarde au fond de cette pièce vide, que de se découvrir soi-même, de se voir regardé par soi du fond du vide... avec des yeux qui vous épient. Je suis venu là bien souvent, lorsque j'avais une décision à prendre et ne savais de quel côté pencher. Je regardais au fond de la pièce par la lucarne; je prenais successivement les deux décisions, et le miroir, rien qu'à voir mon visage, me disait celle qu'il fallait prendre, celle qui rendait mes yeux moins fatigués.

Dans la deuxième de ces cellules, il y a une photographie : je ne peux pas la reconnaître; c'est peut-être celle que j'ai toujours ratée. Je ne sais ce qui m'empêche de briser le verre, d'ouvrir la porte et de la prendre. Je sais seulement qu'il vaut mieux la laisser.

Dans la troisième, il y a une autre photographie : c'est celle d'une jeune fille. Elle est assise en burnous blanc, en haut de la bosse d'un méhari, contre une dune, et un petit Arabe en robe blanche tient dans sa main la corde de la bête en riant de toutes ses dents.

Enfin, à côté des trois chambres, il y en a une quatrième, et dans celle-là – on n'ose pas le dire et c'est pourtant la vérité – dans cette quatrième chambre, il n'y a rien; il n'y a même par d'ombres, et cependant il y a quelqu'un.

Tous les jours, les gens de service (ce sont deux hommes en blouse avec une casquette plate, et, pour sortir, une tunique grise qui a des boutons plats et brillants), tous les jours les hommes de service apportent un repas dans de grandes gamelles. Il faut donc bien qu'il y ait quelqu'un! on ne peut pas voir, à la fin de la journée, quand ils emportent les gamelles, si elles sont vides, car elles ont un couvercle. Mais, chaque matin, ils en apportent de nouvelles. Il faut donc bien qu'il y ait quelqu'un! Et peut-être sont-ils plusieurs dans cette cellule? Et il ne leur reste même pas d'ombre, comme à ceux de la salle qui fait peur. Ce sont des hommes qui n'ont plus d'ombre ni de corps.

Cette salle vide m'intrigue et m'oppresse. Et l'idée de ces hommes effrayants qu'on ne peut pas voir. Peut-être aussi n'y a-t-il personne? Mais alors, pourquoi ces gamelles?

J'ai interrogé l'un des aides qui est jardinier dans le village et qu'on engage comme extra dans les grands jours. J'ai su le nom de deux des domestiques : il y a Schuster et Chemintran (Schuster, c'est le petit, celui qui a des moustaches). Mais l'aide n'a rien pu ou n'a rien voulu me dire sur le mystère de cette chambre où l'absence est présente plus qu'en nul autre lieu.

A mesure que je vieillis, la vieille maison s'emplit un peu plus chaque année.

Je me souviens encore de l'époque où il n'y avait que la chambre des maîtres et la chambre des enfants. Quel heureux temps c'était alors! Sur les vitres de la cuisine, on voyait l'ombre des couteaux qui se plantaient dans les jambons et dans les viandes. Ils étaient longs, larges du haut, pointus et forts. Ils décrivaient en s'abattant un grand arc de cercle tout noir. Parfois, il y en avait deux, trois, qui s'abattaient en même temps, parallèles ou symétriques; et j'en ai compté jusqu'à cinq, tenus dans de gros poings qui tombaient comme grêle. Des fumées de rôti s'échappaient sous la porte. A la Noël, on tuait le cochon. Les enfants allumaient sur lui un feu de paille et dansaient tout autour en promenant sur sa peau des balais enflammés. Le vent soufflait sous le ciel bas, au milieu de la cour glacée et le soir il y avait des fêtes qui amenaient des hommes en habit noir et des femmes à robe ronde avec des châles de couleur. Ils venaient en décembre avec le vent du nord mais, plus tard, les maîtres sont morts, du moins plusieurs, et d'autres gens sont venus habiter les chambres. Il y a eu des messieurs qui venaient en hiver, qui descendaient avec des bottes d'une voiture à grande capote et pénétraient bruyamment dans les pièces; et des dames à longue robe pour lesquelles on astiquait les escaliers et les planchers. Elles apportaient des flacons de parfums, des cartons à chapeaux, de petites ombrelles et chuchotaient dans les couloirs.

Plusieurs de ces gens d'autrefois sont restés là. Mais l'entrain est parti. On a vu passer trop de choses. Un jour il y eut un voyageur qui venait on ne sait trop d'où par les bateaux et les voitures. Il avait un grand coffre noir que quatre hommes descendirent de sa berline et qu'on ouvrit dans le salon. On avait allumé de grandes bûches dans les cheminées et toutes les bougies du piano. Il sortit des choses étranges, d'argent, de cuivre et des flacons, des étoffes qui surprenaient, des fruits de toutes les couleurs, des instruments de musique comme on n'en avait jamais vu et des peaux de bêtes qui sentaient une drôle d'odeur. Toutes les dames eurent un souvenir qu'elles emportèrent dans leur chambre, celle d'où l'on voit le château. Il raconta des scènes de chasse comme celles qui étaient peintes sur le papier du grand salon (avec des bêtes dans les arbres, des hommes à turban et des bateaux dorés) et des voyages sur la mer. Quand il en fut au clair de lune, l'une des dames, qui était blonde, se mit au piano et joua. On ne se sépara que très tard dans la nuit. Il partit au matin mais tout le monde parla de ce soir-là pendant longtemps encore. Et la dame blonde aussi eut l'air triste longtemps.

C'était l'époque où il y avait douze chevaux dans l'écurie et où les douze fils du maître les montaient chaque matin. On les entendait dans la cour hennir et frapper du sabot. Et quand la grande porte s'ouvrait, c'était le plus grand des fils qui passait le premier. Il avait des bottes rouges et il était si grand qu'on aurait dit qu'il pouvait faire passer ses pieds sous le ventre de sa monture.

Depuis, tout est tombé en ruines; la malle du voyageur est restée dans le grenier, à côté du vieil astrolabe, sous la poutre où les araignées ont tissé un grand hexagone. On y range les oignons. La fenêtre est cassée et un grand vent glacé souffle dans les couloirs et fait battre la porte.

C'est dans ce couloir, une nuit, que j'ai rencontré la dame blonde. Elle sortait de la pièce du Chinois. Elle marchait d'un pas mécanique. On entendait grincer la girouette en fer sur le pavillon de l'oncle Anselme. Que faisait-elle à cette heure-là, dans ce couloir où il n'y a que des rats qui roulent des noix toute la nuit et ce gros vent qui faisait claquer sa robe! elle tenait son châle à deux mains pour l'empêcher de s'envoler : il se gonflait sur son dos comme une voile.

Elle est entrée dans le grenier; elle est arrivée jusqu'au coffre; elle l'a regardé longtemps. Puis, au moment de partir, elle s'est penchée encore, elle a regardé une étiquette, elle a entrouvert le couvercle. Enfin, elle est partie. Elle m'a vu dans le couloir. Elle a étouffé un petit cri en mettant une main sur sa bouche. Le regard qu'elle m'a jeté me poursuit encore.

Je suis allé jusqu'au vieux coffre et j'ai regardé l'étiquette. On avait substitué mon nom à celui de l'ancien voyageur.

Je suis remonté plusieurs fois dans le couloir à la même heure, pour voir si elle reviendrait. Je n'ai trouvé que ce gros vent qui finira par déchirer entièrement la « vue de Tunis » lithographiée qui est accrochée par des punaises et qui se gonfle et se fend un peu plus chaque fois qu'il roule, là-haut, comme sur le pont d'un navire. Venu de si loin, des plages landaises où une maison de bois veille au bord de la mer, dans le sable sur lequel traînent les boules de verre bleues et brunes des filets de pêche; peut-être même des Antilles? J'ai attendu quelques fois jusqu'à l'aube; il m'a semblé que ce vent d'autrefois avait une odeur de résine et de fleurs de frangipanier.

Les anciens maîtres ne sont plus. Il n'est resté, de ce vieux temps plein de fêtes et de surprises, de drames et de brouhahas, où les chevaux piétinaient dans la cour et où les cavaliers faisaient danser les dames, il n'est resté que le pavillon chinois qu'avait fait bâtir l'oncle Anselme au plus bel endroit du jardin, au-dessus du poirier à fleurs rouges. (Par la fenêtre, entre les cèdres, on voit la grosse tour du château comme de la chambre des dames.) Encore le pavillon est-il bien délabré.

On y a remisé toute une collection de magazines du second Empire dont les rats rongent chaque nuit les ficelles et les pages tachées d'humidité; ils s'y repaissent de robes à crinoline et de têtes de dames toutes rondes, des têtes perchées en haut de grands cous minces comme une pomme au bout d'un bâton, et entourées de longs tire-bouchons de cheveux qui pendent parallèlement comme les tuyaux d'un instrument de musique chinois, prêts à s'entrechoquer et à donner des sons. Sur la cheminée traînent des poupées de la même époque, les poupées de la tante Sophie, avec leurs tailles de diabolo, leurs épaules tombantes rondes et nues, et leurs grosses manches à gigot.

La pavillon chinois est plein de curiosités, de chalets suisses en miniature avec de longs balcons de bois et de petites fenêtres en verre miroir. Il y a aussi des services de poupées en porcelaine transparente et on voit même un pape en étain démontable, de trois centimètres de haut, avec sa tiare, son trône, ses marches et sa crosse, qui tient sur sa haute chaise par une sorte d'aiguillon semblable à celui des abeilles.

L'heureux temps que c'était alors quand l'oncle Anselme faisait bâtir le pavillon! Quelle n'était pas mon importance! Je donnais des cours de solfège. J'étais la conscience musicale de toute la vieille maison. A cette époque, les habitants n'étaient pas encore nombreux. Ils venaient tous; ou, tout au moins, quand ils se trouvaient trop pour tenir dans le grand salon, ils venaient par groupes familiaux, ou par rang d'âge, ou même dans l'ordre alphabétique, ou encore réunis selon les affinités. (J'ai employé successivement plusieurs systèmes.) Mais quelle méthode toujours! quelle organisation!

On allumait les lampes. Ils s'alignaient devant moi, les petits au premier rang, les plus grands par derrière. On aurait dit une photographie de famille à l'occasion d'une solennité. J'avais composé de petits airs qui avaient eu, je puis le dire, le bonheur de réunir tous les suffrages : la Mazurka des Hirondelles produisait toujours son effet. Noémie la chantait si bien! Elle la chantait avec Rodolphe. Comme Noémie était plus grande, pour éviter un contraste burlesque qui aurait nui à leur effet, on juchait le petit Rodolphe sur deux briques. Au moment de l'ut de poitrine, c'était un régal merveilleux qui me payait de bien des peines; et au refrain, tout le monde chantait, même le général Chaiserue qui avait un œil de verre, et Monsieur Naturel qui a besoin d'être entraîné. On voyait toutes les grandes personnes, au dernier rang, dans la pénombre, ouvrir leur bouche comme des O noirs. C'était une chose magnifique. Je ne pouvais pas la voir sans en être attendri.

L'oncle Anselme nous faisait souvent l'honneur de venir lui-même dans sa grande robe de chambre, qui était rouge avec des dessins d'or. Il portait une calotte de velours noir ornée d'un gros gland sur l'oreille. Il entrait lentement, d'un air aimable et fier, cet air d'aisance affable et de prospérité qu'il portait sur toute sa personne avec une grâce naturelle, et promenait sur la pièce un regard satisfait. Tout le monde cessait alors de chanter par déférence et je rougissais d'émotion. Mais il faisait un geste aimable pour m'inviter à continuer. Je protestais de ma timidité. Il insistait alors d'une façon si flatteuse que je protestais encore plus. Il parlait avec tant d'esprit, de savoir-vivre et de délicatesse que c'était plaisir de l'entendre et de refuser ses formules pour lui en faire dire de nouvelles qui étaient encore plus délicates et mieux tournées. C'était un crescendo sans fin de savoir-vivre. Nous n'en finissions pas de nous congratuler. La bonne éducation fleurissait entre nous comme un rosier de Jardin des Plantes.

Finalement, il s'asseyait dans le grand fauteuil et nous reprenions notre chœur. Il regardait au mur mon ombre harmonieuse qui traçait avec son bâton de grands signes cabalistiques, brassait, élargissait, pétrissait la musique, la ralentissait tout à coup, l'étalait, la pressait, la gonflait, la haussait, la laissait retomber soudain dans un abîme, la repêchait d'un coup sec et précis, la remontait en décrivant des vrilles et la lançait finalement vers les cieux comme une fusée frénétique tandis que j'épongeais mon front. Les tilleuls sentaient bon. L'heure était hiératique. Il me semblait voir l'arc-en-ciel.

Au bout d'un moment cependant, l'oncle Anselme se recueillait, les yeux fermés à force d'attention. (On eût dit que cette musique se répétait au fond de lui-même et qu'il l'écoutait en dedans.) Il ne les rouvrait, brusquement, avec une espèce de sursaut, qu'en entendant le la de madame Petitprince. Il faut dire que madame Petitprince – qui était d'ailleurs extrêmement bien douée pour le rythme et le sentiment – ne pouvait donner le la d'en haut qu'en frappant un petit coup de talon qui aidait la note à sortir de ses limbes par suite de la secousse du corps, comme une monture qu'on enlève en la taquinant de l'éperon. Ce choc subit, qui rompait un peu le charme quand on n'y était pas habitué par la fréquence de nos répétitions, faisait dresser soudain la tête à l'oncle Anselme. On aurait dit qu'il dressait aussi les oreilles, et, n'eût été la grande dignité dont témoignaient ses gestes les plus brusques, on eût pensé à un cheval de laitier qui rencontre une locomotive à la hauteur d'un passage à niveau. Mais là cessait la ressemblance, car l'oncle Anselme, au lieu de partir au galop, promenait ensuite sur l'assistance un air surpris et comme émerveillé, caressait d'un regard flatteur toutes les bouches du dernier rang qui faisaient, au fond de la pénombre, une rangée d'O noirs légèrement différents qui ressemblait à une ligne d'écriture dans un cahier de la classe enfantine, suivait de l'œil une courbe invisible qui avait l'air de sortir comme un pointillé d'or de toutes ces gorges ouvertes – en plus gros pour le général –, et s'arrêtait finalement au plafond où passait comme un vol d'oiseaux. Ensuite, il balançait légèrement la tête, de droite à gauche et de gauche à droite, le temps de deux ou trois mesures, et retombait, les yeux fermés, dans son audition passionnée, si bien que, pour ne pas le troubler, on chargeait le général Chaiserue, qui sortait de la Cavalerie, de retenir madame Petitprince au moment du coup d'éperon. Elle le traitait ensuite d'étouffeur de talents. Généralement tout se passait bien. Après, l'oncle Anselme partait. Il nous assurait gentiment qu'il ne pouvait pas s'endormir sans quelqu'une de ces belles auditions et s'en allait, suivi d'un murmure désolé, laissant toujours derrière lui comme un sillage de savoir-vivre et de belles formules. Quand il n'était plus là, ce n'était plus la même chose, on n'éprouvait plus le même entrain; j'avais beau faire donner la Polka des Moustiques et le Réveillon des Fauvettes, on sentait que c'était différent. La consécration de l'oncle Anselme manquait à la cérémonie, et sa présence dans ce beau fauteuil où il trônait, avec son grand front un peu chauve qui rayonnait, coiffé de soie brillante, et ses deux mentons bien rasés, pareil au Pape du pavillon chinois, si bien que, quand il se levait, on cherchait involontairement la trace de l'aiguillon d'étain en relief sur sa robe de chambre ou en creux dans le grand fauteuil.

La nuit, je le voyais en rêve : il avait une tête de cheval qui encensait en suivant ma baguette et dressait les oreilles en écoutant le la. Cette frivolité solennelle s'accordait merveilleusement avec la robe de chambre rouge fleurie d'arabesques dorées. Quel heureux temps! Ces visites si flatteuses et ses grands compliments qu'on dépliait lentement comme de longs parchemins ornés de lettrines ouvragées, la haute courtoisie de l'oncle Anselme, son recueillement distingué dans le sanctuaire de la musique, rien de tout cela n'est plus... C'était, comment dirai-je, c'était comme une tisane fumante quand on a mal à l'estomac. Quelle époque! Ces gens polis, ces gammes, ces arpèges, ces mélodies pareilles à des courses d'obstacles, ces affabilités, ces locataires rangés, dociles et musicaux, la bouche ouverte en O dans la pénombre tiède, quelle époque! Quelle époque! quelle civilisation!... Et l'été, juste avant le repas, le soir, quand l'odeur des tilleuls entrait par les deux grandes fenêtres!...

J'ai bien des clichés de cette époque. Les locataires se rangeaient si facilement. On savait d'avance où les mettre; ils n'avaient pas de prétention personnelle. Et d'excellents modèles me fournissaient d'avance le secret de leur disposition. J'étais d'ailleurs toujours content de mon ouvrage. Depuis, que de transformations!

Elles sont venues lentement, avec le temps, avec la pluie qui faisait claquer les persiennes et délabrait les papiers peints. Les habitants ont bien changé. Une race plus maigre a surgi, plus disparate et souvent maladive, qui me fatigue de ses exigences, de son fourmillement, de son indocilité. Elle est nerveuse, géniale, subtile : elle a des ruses de Peau-Rouge, des lubies, de soudains caprices qu'elle satisfait sur-le-champ. Elle démolirait la maison pour se fabriquer une cabane s'il lui prenait l'envie d'une jolie cabane. Elle frappe sur les murs à minuit, détériore les cloisons en y plantant des clous, et provoque des courts-circuits en branchant des fers à friser ou à repasser les chemises, malgré toutes les interdictions. Ah! quels soucis que ceux d'un propriétaire! ce sont des gens, comment dire, qui vous manquent de respect.

Ils ont cloisonné de grandes pièces, pour en faire de plus nombreuses, avec des parpaings d'occasion qu'ils ne couvrent même pas de plâtre (je ne parle pas de ripolin). Pendant des mois ils ont laissé des tas de mâchefer dans la cour; on en écrasait dans le salon! Dans un angle du grand couloir, ils ont logé un poêle Primus entre deux paravents tout enduits de friture; ils jouent aux quilles sur le dallage et à la pelote dans le grand salon! Toutes les pièces sont empestées d'une puante vapeur d'huile.

On ne peut pas dire qu'ils se rebellent. Ils sont gentils, ils me font des avances, ils se mettent à la fenêtre, ils m'invitent à venir les voir. Je monte, je frappe, ils sont partis. D'autres fois, quand je suis pressé, ils m'arrêtent à dix dans la rue et m'assaillent d'étranges histoires dans lesquelles ils m'enveloppent comme dans des rets. Je ne sais plus ensuite où je devais aller. J'ai beau courir, ma journée est perdue. Et pourtant, j'écoute leurs histoires; je dois même avouer qu'ils me passionnent souvent et me bouleversent parfois. Leur résistance est dans leur inertie. Je m'intéresse à eux et plus je m'intéresse, plus ils me mettent en colère. Je les voudrais dans un chateau et, non contents de rester dans la vieille maison, ils la transforment en taudis! Peut-être est-ce leur faute? Est-ce la mienne? Peut-être ai-je une mauvaise méthode? Peut-être ne sais-je pas commander? Ah! quels soucis que ceux d'un propriétaire! Qui saura dire à qui incombe la charge des travaux? A eux? A moi? Ils n'en discutent même pas. Ils n'ont l'air de tenir à nulle réparation. Ils se désintéressent complètement de mes discours. Ils ne nient même pas les dégâts ou les déprédations qu'ils causent; mais mes exhortations, mes ordres, mes flatteries, mes coups de force restent toujours sans résultat.

Quand j'essaie d'attaquer ces paisibles rebelles, je ne les trouve plus. Ils déménagent, ils disparaissent; ils fuient dans le grenier, dans la cour; ils s'échappent par les cheminées, par les gouttières, par des trappes, par des portes dissimulées qu'ils ont fabriquées sans rien dire! Je me heurte le nez au mur. Je ne suis plus chez moi. A la lettre! A la lettre, je ne suis plus chez moi. Ah, quel beau temps que celui de l'oncle Anselme!... Ils m'attirent par leurs avances, ils me reçoivent en grand gala; ils promettent monts et merveilles sans même le dire, rien que par leur attitude. Les dames s'habillent, elles ont des fleurs, des sourires, des chansons pour moi; mais, si je veux emporter quelque chose de tant d'aimables munificences, si j'invite mes locataires à venir chez moi donner ces fêtes, ils s'échappent, ils disparaissent! ils veulent vivre pour eux et ne pas vivre pour moi.

Pourtant, cette maison m'appartient! Pourtant j'en suis le propriétaire! je peux le faire prouver par le notaire, par la loi, par la prescription, si jamais elle fut à un autre, par l'usage, par le bon sens, par le témoignage universel!... Il ne me reste plus, de tant de solennités, d'apprêts, d'émotions, d'entrechats, qu'une rose offerte par une dame ou dérobée dans un vase bleu, l'ombre d'une ombre, un petit bouquet de balayures.

Et parfois même, ils donnent des fêtes sans moi... je les vois toute la nuit, tapis dehors, au froid, dans un coin, les pieds dans la neige, qui dansent dans la salle allumée *a giorno,* et je n'ai que leur ombre sur la vitre!

Et cependant, la maison est à moi!

Un beau matin, je rentrerai les pieds gelés de ces factions dans la nuit glaciale; j'attraperai une pneumonie et je mourrai aux portes de mon propre domaine sans avoir pu seulement photographier, un soir, ces grandes fêtes qui m'appartiennent cependant par le droit du propriétaire.

Quel découragement pour moi le lendemain de ses factions épuisantes, de ces chasses, de ces affûts, de ces courses et de ces guets! Surtout quand j'ai cru réussir, quand j'ai cru en attraper un, quand ils m'ont attiré si près qu'ils avaient l'air de vouloir se laisser prendre, quand je suis allé jusqu'à saisir le volant de la robe d'une dame qui fuyait par une porte, le pan de la jaquette d'un chanteur qui s'échappait par l'échelle d'incendie, la natte d'une fillette moqueuse qui se jetait, pour m'échapper, dans la cheminée, le parfum d'une belle jeune fille qui devenait soudain transparente, impalpable, et s'évanouissait au milieu du brouillard dans les roseaux de la rivière. Quels après-midi le lendemain de ces chasses! Quel ennui! quels regrets! quelles cendres! quels cieux gris! Il ne me reste de ces nuits que ce qui reste, le matin, de la lune au fond d'un étang. Un vieux regret me ramène l'après-midi sur le théâtre de mon crime. Mais là, quelle solitude, quel silence, quels murs gris! Une tache de soleil s'arrondit sur quelque pan de ces vieilles murailles, elle ne fait que les rendre plus glacées, plus nues, plus ennuyées dans leur haute monotonie. Je m'approche, déjà déçu, je m'avance jusqu'à la lucarne, et déjà je voudrais partir. Quelques fois, je m'en vais, le front baissé, triste et perdu. D'autres fois, je n'ai plus le courage : je me hausse sur la pointe des pieds, j'entrevois un plafond traversé d'une poutre; vais-je partir? Je sais d'avance que je ne verrai rien de consolant, mais si je ne regarde pas, il me restera un regret; et si je regarde, au contraire, je vais me confirmer mon malheur. Il faudrait regarder avec foi, mais cette foi je ne l'ai pas. Et si j'ose l'avoir, je pense que je serai doublement déçu. Qui me donnera la règle à suivre au sein d'une telle perplexité? Alors je me décide, découragé d'avance, à faire semblant d'avoir de l'espoir. Deux hommes en moi se décident : l'un qui veut espérer pour ne pas avoir de remords ensuite, et l'autre qui dégoûte le premier de l'espoir, pour ne pas avoir de déception sur le moment; l'un qui regarde par la vitre et l'autre qui s'en va déjà.

C'est dans une telle perplexité que j'attrape les barreaux de la fenêtre et que je me hausse par une traction. Ainsi suspendu je regarde, mais je ne vois, dans le jour gris et froid d'un vieux couloir dallé, jonché de paille humide, qu'une poutre épaisse et une toile d'araignée. Vais-je m'entêter? Je le fais parfois : au moment de lâcher les barreaux, je recommence malgré ma fatigue : peut-être l'un des personnages de cette nuit, de cette fête inaccessible, passera-t-il au fond, dans l'ombre de l'escalier? Peut-être reverrai-je un instant, avec mes yeux d'après-midi, au fond de l'ennui de cet après-midi, la robe en velours d'une des danseuses, la cape du toréador, le turban de l'Hindou à l'agrafe en rubis? Mais le couloir reste vide et glacé. Qui croirait à ces nuits de songe? Je reviens tristement, le dos courbé, les yeux vagues, par la petite rue sans commerce; je vois au loin, en tournant sur la place, la devanture verte de l'Epicerie Métropolitaine, les petits tilleuls qui frisonnent sur le rempart comme des aigrettes de colonel et une femme qui passe dans la neige en faisant des signes à quelqu'un qu'on ne voit pas. Je rentre dans ma chambre et dans ma vaine attente, dans ma fatigue et dans mon incrédulité : je sais bien que si je ne crois pas aux nuits de la vieille maison, c'est parce que je n'en ai plus la force ou que je ne veux plus y croire, pour ne pas tant souffrir d'être absent quand elle donne ses grandes fêtes. Je regarde par la fenêtre : il n'y a plus qu'un bouquet d'orties au pied d'un mur de pierres sèches orné de l'affiche de la Machine Singer.

Le souvenir de ces chasses décevantes me laisse des regrets si vifs qu'ils ont envie de se muer en remords, car le remords suppose une faute volontaire et permet de se dire qu'en ne la renouvelant pas on pourrait gagner la partie : mes regrets m'apportent sous cette forme plus de tourment mais aussi plus d'espoir. Pourquoi n'ai-je pas mieux profité de ces occasions qui s'offraient ? Pourquoi n'ai-je pas saisi la seconde décisive pour former un groupe de mes gens, ou isoler un personnage, quand le décor était si brillant, et le photographier tout de suite, clic clac, et ramener enfin de cet affût le cliché parfait, la plaque exacte et merveilleuse qui me paierait de toute ma vie ! Mais la réalité m'insulte. Face à ce mur de la Machine Singer décoré d'un bouquet d'orties que les chiens viennent offenser d'une machinale humidité et d'une furtive gymnastique, je sens redoubler ma tristesse comme devant une fatalité. Il n'y a rien de plus désolé et de plus désolant au monde, sur une montagne ensoleillée, à trois heures de l'après-midi, dans une ruelle déserte, que l'affiche de la Machine Singer au-dessus d'un bouquet d'orties.

C'est au point que je sors, pour ne pas la subir, et je m'assieds sur une borne, au pied du mur où je tourne le dos à la Machine Singer. Mais elle me poursuit dans mes songes et c'est elle (crra, crra, crra crra crra, crra, crra, crra) qui coud le fil de mes remords, debout derrière moi sur le mur, suspendue au-dessus de ma tête.

Elle me reproche toujours quelque erreur de tactique ou quelque manque de force. N'y pourrait-on pas suppléer, dans le premier cas, par l'étude, dans le second, par l'entraînement? Je me promets donc de mieux apprendre et de m'exercer. Je dresse des programmes sévères; je les observe quelques jours. Je m'y cramponne. Mais bientôt j'y dois renoncer : il y a trop de choses dans la vie. L'image de la maison s'efface comme une voiture dans le brouillard.

Je ne crois plus à ces secrets; je ne crois plus à ces mystères. Et tout à coup, quand je suis là, n'y croyant plus, à quelque table de café, le soir, après une journée en montagne, écoutant machinalement l'orchestre mou des « Hirondelles de Paris » ou des « Enfants du labyrinthe », tout à coup elle est là, dans le dzim d'une cymbale qui vient de syncoper l'ascension d'une valse; elle est là, devant moi, sur la table, à côté du demi mousseux, avec ses fenêtres brillantes, sa nuit, ses fêtes et ses musiques surnaturelles, apportée comme par les rois mages, par une musicienne aux yeux creux qui souffle dans un trombone d'or, une grosse blonde aux joues roses qui transpire dans sa robe de tulle en marquant du pied la cadence, et une pianiste élégiaque qui s'enfonce, les yeux au ciel, dans l'idéal. Ces espèces d'anges en robe bleu pâle, la fumée des grogs et des pipes, les éclairs d'or des instruments, tout m'assied dans un monde facile et confortable d'où la maison me rappelle brusquement, apportée par lui, mais lointaine, avec son télégraphe à elle et ses signes qui sont d'ailleurs. J'ouvre la porte du café, je repars dans la nuit de neige. On m'a retrouvé sur la route. Je n'avais pas pu continuer. Le brouillard était si opaque que j'ai eu vraiment de la chance que le facteur soit passé là avec ses skis.

Il y a dix mois que je n'avais plus vu la vieille maison, enfermé avec mes tisanes devant l'affiche de la machine que les petits carreaux de ma fenêtre coupent en six. Je ne peux plus voir le papier de ma chambre avec ses bergers à binious, assis sur un nuage comme sur un édredon, ni la dame de la Machine Singer. La vieille maison a pris des airs de débarras. J'en suis réduit à m'asseoir sur la borne, devant le portail, comme un pauvre. Quand il y a fête, on me laisse dehors.

Qui me prendrait pour le propriétaire? Je guette, j'épie le secret de ma propre demeure; je fais le siège de ma propre maison, je m'investis, je m'assiège moi-même. Je ne néglige rien, je me lève dès l'aube, je me poursuis. Nul chasseur n'est debout plus tôt, nul ouvrier ne commence avant moi, nul soldat ne monte sa garde avec tant de peine ou de zèle. Je veille quand les autres dorment. Je suis l'esclave de ma propriété. Qui commence avant moi une tâche plus lourde? Ni les animaux, ni les hommes; on ne commence pas plus tôt pour chercher Dieu ou pour chercher sa nourriture : ce matin, sur la neige crissante, il n'y avait qu'une trace de chien, une trace de poule et la trace de la dévote la plus matinale du pays, car ses pas menaient à l'église. J'étais le premier avec eux à écrire sur cette page blanche le secret de mon itinéraire. Qui me reprochera de manquer d'obstination? Je suis allé jusqu'au bout de la ruelle qui passe devant le grand portail de ma demeure et qui donne sur le vallon. Un talus la sépare des champs, jalonné de poteaux télégraphiques. Les fils se dessinaient en blanc sur le ciel gris. A l'autre bout, l'aube était jaune entre Ferraz et Paluel. Sur le talus, le vent rebroussait une poussière de neige pareille à ces tempêtes que l'on voit au cinéma dans les Alpes ou au Groënland. J'avais l'onglée. Qui se lève plus tôt par des matins plus froids pour essayer de faire sa besogne? Et cependant, je n'ai rien attrapé.

C'est un bien dur métier d'être propriétaire de ces immeubles décevants.

A mesure que je vieillis, ma vieille maison s'emplit chaque année davantage. Que dis-je, chaque année? chaque mois, chaque jour. Parfois même chaque minute. Il y a des saisons qui l'emplissent. Il y a des jours qui la vident d'un coup. Mais plus elle va, plus elle est pleine, et de cette race exigeante qui ne me laisse aucun loisir. Il y a des moments de tourbillon où ils se pressent à la porte pour entrer, venus de partout, à pied, à cheval, en traîneau; criant, menaçant, exigeant, ou se glissant, se faufilant, muets, furtifs, à la faveur de la foule : ce ne sont pas les moins terribles : après avoir vécu dans l'ombre, timidement, pendant des mois, ils prennent soudain un pouvoir despotique, ils disposent, commentent, régentent et font les maîtres. Je ne sais même pas, bien souvent, d'où ils viennent.

Je ne sais plus quel jour ils sont entrés, à la faveur de quel événement.

J'ai essayé d'avoir un administrateur, j'ai eu une dame qui tenait un registre. Vainement. C'est une histoire qui demanderait des volumes. Qu'on me croie, j'ai tout essayé : on ne peut pas recenser les entrées.

On ne peut pas, mais, si peu qu'on puisse, on devrait quand même apercevoir ceux qui pénètrent, même sans avoir le temps de les enregistrer. Or, il y a une chose qui me fait peur : je trouve des présences inexplicables. Des gens sont là qui ne sont jamais entrés! Si ma raison ne me disait qu'on ne peut se trouver dans une enceinte sans y être entré, je ne croirais pas qu'ils sont venus de quelque part. Si je ne les rencontrais pas dans des couloirs que je connais par cœur, je dirais qu'ils n'existent pas. Mes yeux les voient et ma raison les nie. Je les rencontre un peu partout, dans des greniers, dans des placards, j'en trouve sur des lits, sur des chaises, et je ne les avais jamais vus à la porte! Ni nulle part! Autrefois, du temps de l'oncle Anselme, nul visiteur ne se fut permis d'entrer sans frapper à la grande porte. On entendait la cloche de loin. Mais, à la lettre, ces gens-là ne sont pas entrés.

J'en ai trouvé un l'autre jour, dans la mansarde, assis sur le billard chinois. Ils tenait son menton dans sa main et regardait par la fenêtre. Il m'a regardé sans me voir. Que venait-il attendre ici? Il portait un pantalon gris et un pull-over bleu marine. Ce devait être un écolier échappé de quelque collège. Ses cheveux dépeignés retombaient sur ses yeux. On ne voyait pas le château parce qu'il y avait un peu de brume à cet endroit, mais une espèce de soleil rouge qui descendait derrière les peupliers. Les flaques du chemin étaient gelées et reflétaient vaguement sa lumière. Le garçon, dans le creux de sa main gauche, tenait un clou de cheval rouillé. Je sais bien que ce clou signifiait quelque chose, mais quoi? Je ne le saurais dire. Je ne demande plus rien, je les laisse faire. Après tout, s'ils veulent quelque chose, qui les empêche de parler? Mais rien ne me laisse aussi triste que d'avoir rencontré ces messagers muets.

Qui me dira d'où peuvent sortir ces bohémiens? Je n'en veux plus, je ne laisse plus entrer personne. Lundi encore il en est venu deux, l'un coiffé d'une melon de vingt ans et vêtu d'un maillot rayé sous une veste de sport. Il portait sous le bras un piston à coulisse; l'autre, coiffé d'une casquette de marin. Il y avait aussi une femme, assez gentille, avec des fleurs, et l'air inquiet. Elle ressemblait un peu à la photographie de cette inconnue dont j'ai parlé, au rez-de-chaussée. J'étais assis devant ma porte. Naturellement, je leur ai refusé l'entrée. Et de quel ton! Hier c'était pire; hier c'était monsieur Forcefil, le chauffeur. Il voulait entrer avec son rouleau compresseur. Un rouleau compresseur orné d'une glycine! Il prétendait faire entrer cela dans la grande cour. Je me refuse à de telles fantaisies. Et ce matin les Hommes de Neige! le premier avec son foulard, le deuxième avec son gibus, le troisième avec sa mandoline. « Au large! » et vous verrez qu'ils entreront quand même! car je me demande, encore une fois, avec angoisse, d'où peuvent sortir tous ces gens-là! Si je me laisse aller au bon sens – mais c'est un programme d'inaction –, je dois me dire une chose terrible : c'est que ces gens sortent du plancher, comme des bulles d'une mare; ou des murs mêmes. Les murs les suintent, comme une salive. Hier, il y en avait un qui était couleur de mur, sous l'essuie-mains de la cuisine. Les murs les suintent, je le répète, ou alors le bon sens est fou!

Peut-être aussi, la nuit, quand personne ne les voit (mais je guette si bien!), peut-être entrent-ils par la fenêtre en se hissant par les tuyaux de descente? Qui sait combien ils peuvent être? Où ils se cachent une fois entrés? Qui sait quels élans silencieux les précipitent la nuit à l'assaut de gouttières? Peut-être sont-ils dix, vingt, cent? Il me semble les voir, la nuit, grimper le mur comme des rats. Hier soir, oui, hier, j'en suis certain, il y en avait un grand, tout gris, sous l'essuie-mains de la cuisine.

Peut-être ferais-je mieux de les laisser entrer. Ils n'ont pas l'air méchant; ils ne me font pas de reproches quand je leur consigne ma porte. Ils me regardent seulement d'un air tout triste et fatigué. Sans doute, vivrais-je avec eux en bien meilleure intelligence qu'avec la race rétive qui a envahi l'immeuble. Mais réellement, il n'y a plus de place. Allez! allez!...

Tout le monde va, vient, entre ou sort et crie et fait à son idée. Il y a des jours de presse où l'on assiège la porte et puis certains moments, quand on croirait tout calme, où tout à coup la cloche sonne, celle du dîner. On entend des pas, des sabots qui claquent dans le couloir dallé, des va-et-vient, des cris, des chants, d'abord légers, puis un vacarme, enfin une furie, un sabbat.

Que font-ils? Les gens du village, intrigués par ces bruits et ces portes fermées, font courir d'affreuses légendes.

D'autres fois, c'est un sourd murmure, un

bourdonnement solennel, une sorte de plain-chant d'église. Quels morts enterrent-ils en cachette? Ces jours-là je ne puis rien voir...

Il n'y a que le vieil homme du premier qui vient, le soir, se promener sous les tilleuls avec sa canne à pomme d'ivoire qui reste étranger à tout cela.

Les gens du village sont stupides. Ils racontent que trois garnements ont organisé l'autre nuit une grand festin au cours duquel on aurait mangé le grand-père. Il n'en est rien, certainement. Ce qu'il y a de certain, c'est que le vieil homme ne vient plus se promener le soir sous les tilleuls avec sa canne à pomme d'ivoire. Voilà d'où naissent de telles légendes.

C'est un bien grand souci d'être propriétaire... on ne sait pas à quoi on s'engage quand on entre dans cette voie!... En tout cas, je ne veux pas du rouleau dans la cour. Surtout pas avec une glycine!... On ne loge pas un rouleau dans une maison bourgeoise. Vous voyez d'ici le scandale! Surtout au clair de lune. Ou au soleil couchant. Je me demande ce que les gens raconteraient encore ! Surtout après l'histoire du grand-père. (Et on ne le retrouve toujours pas.)

Une bicyclette, peut-être... sous les cornes de l'oncle Anselme, dans le vestibule. Un point, c'est tout.

Ce devrait être pourtant une maison tranquille. J'y range mes morts. Il y a toute une chambre que j'ai appelée le cimetière. Maintenant c'est tout un couloir, toute une aile, toute une annexe, plus importante déjà que la moitié de la maison. Je l'appelle la nécropole. Un architecte assez sérieux que j'ai fait venir, M. Fernand Portal pour tout dire, m'a combiné une entrée de style, genre égyptien, avec une inscription dorée qui fait bien meublant, bien latin, bien funéraire si je puis dire : un drap noir, des larmes d'argent... enfin, une chose très convenable.

Comme eux d'ailleurs. Des morts bien sages. Il y en a même de si timides. Ils habitent dans les pièces du premier, sur les champs. Quel calme ! Quelle paix ! On voit par les fenêtres des arbres ronds sur des grasses prairies, des bergers et des vaches qui traînent, comme des herses dans l'herbe, le lourd profil de leurs mamelles gonflées. On n'entend rien. Et puis soudain le silence naît, comme un bruit, d'une pioche qui cesse de piocher. Le soir, ils descendent dans la cour. Ils se promènent sous le gros tilleul. Ils s'occupent comme des enfants, comme des militaires, comme des gens à qui le temps laisse des loisirs. Il y en a de frivoles qui retaillent leurs habits. Il y en a de sportifs qui jouent à la marelle. Il y en a qui aiment la musique. Je laisse quelques fois entrer monsieur Forcefil (il y tenait tant!). Il leur joue du piston, parfois de l'orgue de Barbarie : « Je t'ai rencontré simplement... », ou encore la Valse des Ombres (leurs goûts datent un peu, fatalement). Il faut le voir, avec sa grosse moustache et sa médaille du travail sur sa veste de velours à côtes. Il ne plaisante pas avec la grande musique, surtout celle de 1910! Et eux! ils tournent tristement sous le gros tilleul. Ils ne font pas de bruit. Ils s'arrêtent; ils prêtent l'oreille; ils se rappellent des choses lointaines; ils s'approchent jusqu'au rempart et ils écoutent le murmure de la vie comme le bruit de la mer au fond d'un coquillage; ils s'asseyent, un rien les distrait. Quelques fois, ils ramassent du tilleul; ils regardent dans la campagne le château ou les peupliers. Il y a parfois des femmes qui passent dans le chemin pour essayer de leur dire bonjour, mais c'est très rare. Ils ont des têtes pâles, des yeux tristes, l'uniforme de la maison, une espèce de pyjama gris, gris-bleu, un vêtement d'hôpital. Parfois ils sont très peu; parfois il n'y en a qu'un. Je bavarde avec eux; nous nous disons des riens; je leur offre une cigarette. Je sais leur histoire à chacun. Je ne peux pas les raconter toutes. Quand on les fréquente comme moi, on ne tarde pas à comprendre qu'il n'y a rien de si discret qu'un mort, qu'il n'y a personne qui sache si bien garder sa place et ses distances et pourtant, qu'ils sont vaniteux ! Si l'on savait la vanité des morts, et comme ils gardent bien souvent les soucis de leur existence ! On dirait ces moteurs qui bourdonnent encore quand l'auto a déjà stoppé. Il en est de prétentieux qui ne sortent jamais qu'avec toutes leurs décorations; de si affamés qu'ils réclament de nouvelles oraisons funèbres. Ils ne s'en lassent pas. On les entend se plaindre et gémir dans la chambre en lissant devant l'armoire à glace leur belle barbe châtain foncé. Je leur ai fait venir du chef-lieu un spécialiste du papier nécrologique qui les berce de ses louanges, les caresse dans le sens du fil et les apaise. Petit à petit, les gémissements s'éteignent. Le sommeil vient dans un ronron voluptueux.

En général, ils sont dociles. Il est bien rare, avec les morts qu'on ne s'entende pas. Pourtant, il en est d'impérieux, il en est de fiers et d'intrépides. Il en est qui ne vous écoutent pas, qui vous regardent dans les yeux; il en est qui prennent toute la place, qui savent encore rire, ordonner et brusquer. Ce sont ceux-là que j'aime le mieux. Ils n'ont rien perdu de leur taille. Il y en a même qui ont grandi. Ils sont parfois plus grands que nature : on n'avait pas remarqué qu'ils fussent aussi grands. Ils savent toujours ce qu'il faut faire; ils vous commandent, ils vous bousculent, ils vous rudoient. Ils savent les routes, les chemins, les traverses, le cheval qu'il faut employer, les noms des rues et des villages. Leurs yeux ont pris un éclat qui vous brûle. Ils ne réclament pas de politesse. Ils n'en donnent pas. Ils sont eux-mêmes. Ils soufflent dans nos vies comme le vent du nord. C'est avec eux qu'on aime se battre. Ce sont les seuls qui payent bien leur loyer.

J'en connais même qui savent aller jusqu'au sourire, comme Brou-Brou-Brou l'Irlandais. Il s'assied au bord du rempart, il s'écarte de tous les autres, il prend sa mandoline et on l'entend chanter. Il prétend que, dans son pays, ils ont toujours eu, sur les routes, des harpes et des drapeaux verts. Ce ne sont pas des airs connus qu'il joue ainsi; c'est un air à lui qu'il fabrique, qu'il invente à mesure et qui paraît stupide. Au bout d'un moment on s'étonne, on s'habitue et l'on ne s'en débarrasse pas.

Je l'ai entendu une nuit d'hiver pendant la guerre. Cela venait de très loin. Les chevaux, dociles, l'ont entendu. Ils ont cessé de s'envoyer des coups de pied. Quand on s'est aperçu que l'air s'était éteint, il y avait très longtemps qu'on ne l'entendait plus. La neige tombait comme des fleurs de modiste. L'aube était proche et, quand on est parti, son air chantait dans la valse du trot et dans l'essieu des fourragères.

J'aurais aimé l'avoir comme chef de musique à l'étage des Enfants Frivoles si les locaux le permettaient plus facilement. Mais on n'a jamais pu savoir où ces enfants frivolent logeaient exactement. Ils n'ont jamais pu se décider à élire un cantonnement stable. En tout cas, trois de leurs chambres et leur salle à manger sont prises dans le quartier des morts, au-dessus des caves. J'aimais bien autrefois me promener dans ces caves. Elles sont si bien aménagées! C'est là qu'on range les plus vieux morts. Elles sont voûtées et à plusieurs étages comme celles des vignerons. L'étage supérieur est vaste, proprement balayé et presque grandiose à cause de ses proportions, mais familier et engageant en même temps avec son sol en terre battue, son éclairage sans soleil et sans tristesse, sa couleur brune et sa température égale. Chaque mort y jouit d'un cercueil personnel avec une très belle étiquette, en ronde ou en gothique, noire, avec le vrai nom en anglaise, et il occupe une place entière comme un livre dans une bibliothèque. Au-dessous, ils sont deux par cercueil. Au troisième étage, c'est la foule. Toute la maison est bâtie sur des morts.

C'est au point que souvent je l'appelle le cimetière. Mais je pourrais aussi bien l'appeler le musée. C'est encore mon réservoir, mon château d'eau. J'y puise, j'y cueille un mort, une dame, un enfant, un fauteuil (il y en a de très bien sur le palier du premier, en tapisserie : sur le dossier, on voit le Renard et la Cigogne). Ici, je prends un candélabre en bronze, là, un de ces ronds de bois peint qui représente une ville d'eau d'Europe centrale sous un ciel de Côte d'Azur; j'aime beaucoup me servir aussi de ces deux chandeliers d'étain de l'époque Louis-Philippe qui représentent un gendarme et un chasseur d'Afrique (je n'en ai jamais vu ailleurs); je fais venir quelques locataires et je compose des ensembles. Je les invite chez moi, le soir ou de grand matin, car ils ont peur des gens du village dont ils se laissent très peu voir, sauf de monsieur Naturel et de monsieur Forcefil. Je les reçois, je leur fais du café, je leur offre une cigarette. Je dispose la tenture qu'ils apportent eux-mêmes pour former la toile de fond : c'est un temple grec à colonnes, avec un fronton magnifique, qui fait très flatteur en photo, « article soigné pour amateurs » était-il dit dans le catologue. On l'a trouvée dans le pavillon de l'oncle Anselme et j'ai la faiblesse d'y tenir à cause des souvenirs de cette grande époque. Quand ils sont bien apprivoisés, je les aligne devant le temple, je les oblige à prendre la pose, une main sur la hanche et la tête de trois quarts et clic, je les photographie; clac, au moment où ils s'y attendent le moins, une deuxième plaque. Et clic et clac, quelques fois trois, quelques fois quatre. J'en ai ainsi de pleines séries dans des cartons numérotés, classés par ordre alphabétique ou en fouillis dans mes greniers. Mais il n'y en a pas une de bonne. On m'avait enseigné cette méthode autrefois, et je la pratiquais parce que je suis docile. Depuis, évidemment, je l'ai perfectionnée; j'ai enlevé le temple grec, je ne leur fais pas prendre la pose et malgré tout on ne les sent pas chez eux. Je n'ose pas vendre ces photographies, ni même les donner. Je me rappelle le jour où j'ai pris cette pauvre tante Fanny en train de chanter sur les marches du temple; elle avait l'air d'une République de square. On avait oublié d'enlever le fauteuil du Renard et de la Cigogne, cela ne faisait pas naturel. Il faudrait les prendre chez eux. Ils repartent au petit jour avec leur fauteuil et leur temple, avant l'aurore pour qu'on ne puisse pas les rencontrer. Ils vont lentement dans la neige en balançant une lanterne jaune : on dirait la sortie de la messe de Noël.

Je n'ose faire voir ces vieilles photos qu'à Forcefil, qui est l'artiste du village : c'est lui qui chante pour les noces ou les conscrits et qui a fait la décoration électrique du monument pour le congrès des Agriculteurs. Il a acheté un appareil photographique et il s'exerce le dimanche. Mais Forcefil est un mauvais juge. Lui qui connaît si bien la maison et ses maîtres depuis que j'ai eu le malheur de l'y laisser entrer, il trouve bien tout ce qui en vient, pourvu que ce soit photographique; au lieu que les touristes, auxquels je laisse parfois parcourir mon album sans dire qu'il est de moi, prétendent que ça ne ressemble pas. Et ils ne connaissent pas le modèle! Il y a certainement un problème Forcefil. Je l'intéresse, il me protège. Il m'a dit : « Vous viendrez chez moi; j'ai un Larousse en six volumes. » Il voulait créer entre nous une franc-maçonnerie des choses de l'esprit.

Il faudrait les prendre chez eux. Combien de fois n'ai-je pas essayé! Il est bien rare que je rôde autour de la vieille maison sans emporter mon appareil photographique, le plus grand, et mon voile noir. On rit de me voir passer avec ma bicyclette, mon melon, mes pinces et ce gros instrument (je prends le melon pour la cérémonie, pour l'usage, pour le bon exemple). Et je suis tout gêné car les gens du village doivent se moquer de mes entreprises infructueuses, mille fois tentées, mille fois déçues, comme d'un amoureux qui court après sa belle sans jamais pouvoir l'attraper. A cause de mon voile noir, ils m'appellent la Veuve.

Il faudrait quelque sorcellerie. Une fois, j'ai bien cru réussir : il était venu un nègre, enfin un Oriental, un homme avec une robe et un grand bonnet rouge. Il est arrivé dans la neige et il avait l'air d'un roi mage. Quand il est sorti du brouillard, tous les enfants sont accourus. Il en était qui avaient peur ensuite et qui rentraient dans les maisons pour le regarder derrière les vitres. Il est entré en premier lieu chez le boucher qui a une si belle devanture rouge, avec de grands crochets de nickel. Ensuite il est venu chez moi. J'étais derrière ma fenêtre en train de réparer ma montre. Il a empli toutes les vitres. Dans celles du bas, je voyais son tapis qu'il portait sur le bras, avec de beaux dessins, des motifs rouges, verts et jaunes, qui contrastaient avec sa robe blanche, et, dans les vitres du milieu, son visage tout noir, ses dents blanches et son bonnet rouge. Il a secoué ses babouches qui étaient couvertes de neige; il est entré dans le couloir, et des enfants plus hardis que les autres se sont introduits pour le toucher. Il a fallu que je les mette à la porte. Je l'ai fait entrer dans ma petite cuisine que la fenêtre éclaire mal et j'ai allumé une lampe. Dans une boîte pendue à son cou, il portait des choses brillantes à moitié cachées dans la sciure, des bagues à pierres bleues ou vertes, des bijoux de cuivre et d'étain. Quand il a déroulé à terre son grand rouleau de tapis bariolés, ils ont fait une grande lumière, comme une flaque de soleil; c'était comme le printemps : des fleurs et des oiseaux, un château, des lions et des tigres, des roses, des tours et des milans. Les enfants, derrière les carreaux, se pressaient pour voir toutes ces choses. J'ai pris le plus grand tapis, le plus beau, le plus rouge. Et j'ai payé trois fois le prix pour éviter les marchandages. Le nègre est parti en riant avec beaucoup de politesses. Les enfants l'ont suivi en poussant de grands cris. Leurs mères, sur le pas des portes, les appelaient mais ils ne rentraient pas. L'après-midi, ils étaient devenus si familiers que le nègre a dû les chasser à grands coups de boules de neige. Les enfants se cachaient dans le couloir de l'Epicerie Métropolitaine et c'étaient de grandes batailles. Et le nègre riait en portant ses tapis. Le soir il est parti par le vieil autobus, celui de sept heures, l'autobus jaune, mais on en a longtemps parlé, et le dimanche suivant toutes les filles avaient des bijoux dans les cheveux.

J'avais réservé le tapis pour faire une belle photographie de mes locataires. Je m'étais dit : « Je les prendrai chez eux. » Je ne l'ai pas employé tout de suite. J'en a profité quelques jours pour lui-même. Je faisais venir Forcefil; dès le premier jour, il l'a regardé en connaisseur et il a fait claquer sa langue. Ensuite il est revenu souvent et nous nous regardions tous les deux. Et puis il a fallu le porter à la maison. C'est Forcefil qui s'en est chargé. Mais dans l'aile principale, ils n'en ont pas voulu. Ce sont tous des énergumènes. Forcefil m'a rapporté d'ailleurs, de leur vie dans le grand salon, des choses qui m'ont exaspéré. Et dans les couloirs! quels dégâts! Faites des dépenses, ruinez-vous pour les autres, voilà comment vous serez récompensés. On n'a pu le faire accepter qu'au quartier des Enfants Frivoles. Mais là ils en ont fait une grande dérision : ils l'emploient comme tenture dans leur musée Grévin. J'ai essayé de les persuader, de les prendre par les sentiments, et j'ai pris une pauvre photo, sans conviction. Mais, je l'avais bien prévu, tout était flou. La seule chose nette, c'était leur ombre... Et ce sera toujours pareil.

Le nègre est revenu en cachette. Je l'ai trouvé dans le couloir de la colonelle. Il est entré dans la maison sans que je le sache. Les gens du village jasent beaucoup.

Le quartier des Enfants Frivoles est tout garni de tapis persans qu'ils ont dû voler au nègre; ils détériorent le fauteuil du Renard et de la Cigogne qu'ils ont placé devant la porte de l'abbé américain.

Il se trame sûrement quelque chose. Le nègre a répandu le bruit que je ne réussirai jamais une photographie. Et les locataires savent bien que le plus clair de leurs loyers, qu'ils paient si mal, ne pourrait m'être remboursé que par la vente de leurs portraits. Aussi sont-ils tous animés d'un grand esprit d'hostilité à mon endroit. Des hommes du village me l'ont dit. Et cependant, il vient des gens de partout qui s'installent dans ma maison. D'où sortent-ils? C'est encore une de ces périodes où on ne peut pas recenser les entrées. D'où sort ce chien blanc qu'une fillette en costume du second Empire apprivoise dans le grand salon? Et cette jeune femme au regard traqué qui rôde dans le parc à l'heure où la nuit tombe? Et ces enfants qui chantent sur le balcon cette chanson qui parle de noyade, d'une robe blanche et d'un anneau d'argent? Les ai-je jamais vus entrer par une porte? Et ce cheval de bois sur le palier du troisième? Ce cheval sans queue, avec une crinière triste et raide comme une vieille brosse à dents qui perd ses poils? Il y a un rayon de soleil qui passe sur sa croupe pommelée avant d'aller mettre un rond d'or sur le rideau de la vieille penderie. D'où sortent-ils ?

Je le répète, cette maison suinte elle-même ses habitants. C'est le laboratoire de l'apprenti sorcier. J'ai peur qu'un jour, insatisfaits, tous ces gens se déchaînent. Qu'ils se déchaînent contre moi, ce serait peu, mais ils sont si nombreux qu'ils peuvent envahir le village. Qui oserait se sentir à l'abri de ce repaire de furieux et de tout ce qui peut fermenter dans les labyrinthes souterrains où s'élaborent ces drames et ces idylles, ces comédies, ces tragédies et ces sombres résolutions ?

Ça y est ! Ils se sont mis en grève. Ils ont refusé de payer leurs loyers. Après avoir refusé de poser devant le tapis du nègre, ils le réclament maintenant et il n'y a pas moyen de l'avoir. Les Enfants Frivoles le détiennent. Dieu sait ce qu'ils en ont fait !

J'ai eu tort de ne pas écouter les conseils des gens du village. J'ai eu tort de ne pas veiller à empêcher le nègre d'entrer. J'ai connu ces tristes périodes; ces jours amers et sans espoir où la maison reste en silence. Je connais ces grèves. Il y en a eu souvent; je connais le spectacle affreux de ce monument qui semble mort. Ces grèves qui occupent des jours à ne rien faire. Ils en ont organisé une cet été. Tous : les vieilles dames, les acrobates, les collégiens, les jeunes filles, les morts et le sonneur de cloches. Quand on passait devant la maison, on se sentait saisi par un silence léger, comme par une fraîcheur subite. Le gros marronnier, au-dessus du mur, était plein de moustiques bourdonnants. Il y avait un rayon de soleil sur les ombrelles, sous les cornes de l'oncle Anselme, parmi les huit noirs et tremblés qu'un entonnoir a décrits sur les dalles du vieux vestibule de l'entrée. Il arrivait de loin en loin qu'on entende tomber quelque chose : une mandoline dans la chambre de la dame blonde, une pêche dans une allée. Ensuite, le silence recommence; au début, ce n'est rien, c'est même reposant; ensuite cela devient pénible; à la longue c'est angoissant. Ils sont tous là. Du moins on le suppose. Et pas un bruit ne sort. Peut-être sont-ils partis? Pourtant, parfois, on en voit un à la fenêtre. C'est un soldat dans une chemise à petits carreaux, une vieille chemise militaire à petits carreaux noirs et blancs. Il se rase. De temps en temps, il garde son rasoir en l'air et il regarde quelque part, vers la campagne. Il y a des draps qui sèchent dans des jardins, parmi les prés; un souffle d'air les agite à peine. Dans le village un homme sort par la porte, un cheval à la queue tressée revient tout seul de la fontaine, une laveuse porte un paquet de linge. Puis la fenêtre se referme et rien ne vient plus animer l'après-midi mélancolique.

Au fond, j'aime mieux leurs disputes. Le souci qu'elles me donnent est une distraction.

Cette grève d'hiver, par ce froid noir, a été une chose sinistre. On ne peut empêcher que ses manifestations s'accompagnent toujours d'excès. Des rumeurs courent au village. Il y a des gens qui disparaissent. Ça ne s'explique pas. Ils sont là un beau soir, ils mènent leur vie, leurs intrigues, leurs querelles. Le lendemain ils n'y sont plus. On ne sait pas où ils sont passés. On ne les trouve même pas au cimetière. Peut-être les murs les boivent-ils comme un buvard? (surtout du côté nord). C'est devenu d'autant plus ennuyeux depuis l'histoire du grand-père Mercereau; on accusait ses petits-fils de l'avoir mangé. Evidemment, c'était une calomnie. Mais il n'y a pas de fumée sans feu.

Comment empêcher ces histoires? On me dit que je devrais avoir plus d'ordre, tenir un registre des entrées et des sorties. Il n'y a rien à faire. Je l'ai dit. J'ai déjà répondu plus haut à cette objection irritante. Je ne peux pas entrer dans le détail. Si je commençais, il me faudrait des volumes. C'est une objection de novice. L'expérience m'a démontré que personne ne peut tenir la maison à ma place : être propriétaire est une fatalité.

D'ailleurs, j'avais fait l'expérience. J'avais

pris autrefois une comptable blonde, avec un beau buste bien rond et des épaules couleur de neige, comme dans les magasins bien tenus. J'étais allé la chercher au chef-lieu. Moi-même. J'avais pris le train de cinq heures (on m'avait fait un petit casse-croûte chez Naturel). Je suis donc arrivé à huit heures du matin, si bien que j'avais toute la journée pour faire mon choix, et je crois que je puis me vanter d'avoir pris la meilleure. Il y avait une caisse magnifique, avec un appareil moderne, dans un grand magasin d'articles de Paris. Quand elle tournait la manivelle, elle n'avait même pas l'air de s'en apercevoir. Elle continuait à sourire dans l'espace avec des cheveux si bien coiffés qu'on se demandait comment elle pouvait faire, la nuit, pour garder leur architecture si géométrique et luisante, si métallique pour tout dire. On aurait dit un casque de dragon. Je l'ai fait venir, par scrupule, avec la caisse et l'appareil. Les mauvaises langues du village, qui se sont amusées de la chose, ont même dit que j'avais commandé un bâti pour la faire transporter dans le train sans la séparer de sa caisse. Bref, de l'aveu même de la légende, c'est une femme qui fait corps avec sa profession, comme un hussard avec sa monture. Je l'avais mise tout près de la porte d'entrée, sous les cornes de l'oncle Anselme. Elle se tenait là dans sa cage comme un symbole de son métier, avec un air pensif, la tête un peu penchée et un porte-plume vert pomme qu'elle appuyait sur le bord de ses lèvres; enfin, prête à écrire. Ça n'a servi à rien. D'abord, elle s'ennuyait. « Une personne de la ville », comme dit monsieur Forcefil, devait forcément s'ennuyer au fond de ce trou de village : pas de cinéma, pas de café, pas de distractions. Et puis les femmes aiment les chiffons. Toujours assise, toujours pensive, toujours prête à écrire, ce n'était pas une existence. Elle rêvait : des gens passaient sans qu'elle les vît. D'autres fois, aux heures d'affluence, malgré la meilleure volonté, elle ne pouvait pas suffire. Il eût fallu un service d'ordre. Et puis, elle croyait aux revenants Quand elle prenait son service, elle était déjà à demi folle. Il y avait dans le mur de sa chambre, juste au-dessus de son lit, les bottes de monsieur de Frambert (c'est du moins une histoire qu'on raconte au village et je n'en sais plus l'origine, quelque affaire à la Barbe Bleue, racontée avec fioritures à la suite d'un drame conjugal : on dit qu'il empala sa femme avec une scie de boucher) et c'était des bottes-mousquetaire, de ces grosses bottes Louis XIII qui sont ouvertes comme une rose avec un calice compliqué et de grands éperons recourbés, armés de molettes plus grosses que des pièces de cinq francs. La légende, naturellement, était menteuse; mais cette pauvre femme n'en dormait pas. Et puis elle avait ses lublies, ses préférés, ses bêtes noires. Elle était amoureuse du nègre. Elle écrivait au pharmacien des lettres qu'elle signait Anne d'Autriche, et le toréador l'appelait Fleur de Comptoir. Cette expression lui déplaisait. Enfin, elle inventait; le registre était devenu un vrai roman. J'ai fini par me demander si elle avait tout son bon sens, et je me suis passé de ses services. Elle est allée se loger, pour échapper à la maison, dans le petit salon, orné de plantes vertes et de dentelles au filet que la voyante sous-loue aux touristes. Elles passent ensemble l'après-midi à boire du café et à lire dans les cartes.

Pour être franc, ce départ m'a soulagé. La vie fluide de cette maison s'accommode mal de ces registres qui l'affligent, de ce rigide herbier des entrées. Et, certes, ce serait un grand apaisement que de la savoir arrêtée dans ses variations de volume, éternisée pour ainsi dire dans son plein épanouissement. Mais un registre ne dit rien de tout cela. Et je me demande même parfois – c'est le plus affreux de la chose – si un registre qui capterait parfaitement tous les détails, qui reproduirait intégralement la vie fluide de ma demeure, parviendrait à me satisfaire. La photographie elle-même, l'impossible photographie, me donnerait-elle satisfaction? Au fond, je suis peut-être un photographe qui doute de la photographie. Du moins, je crains de le devenir. Qu'y a-t-il au monde de plus triste? Je ne veux pas croire cette idée parce que je suis né photographe; j'entends que, quel que soit le succès de mes efforts, j'ai besoin de prendre des vues. Mais rien ne serait plus trompeur que la meilleure photographie, même réussie au maximum. Surtout dans le cas de ma demeure. Si on photographiait Protée, ne serait-ce pas précisément tout le contraire de Protée? Qui le reconnaîtrait, à moins de voir son nom? Et nul registre des entrées ne dira jamais sa substance. Je ne cherche même plus d'ailleurs à connaître celle de mon immeuble. Du moins voudrais-je un peu organiser l'existence de mes locataires, me retrouver dans leurs complications. Mais ils restent ingouvernables. Pis, ce sont eux qui me gouvernent, ils me mènent, ils me conduisent, ils me réveillent, ils me parlent, ils me fatiguent, ils me délassent à leur gré personnel. Peut-être un jour me fuiront-ils? Ils sont capables après tout de faire sauter le village. Cette caserne de mutins est un danger pour tout le monde. A quoi me sert d'avoir hérité cette maison si elle mange sans profit mon existence?

Les derniers événements ont été vraiment graves. J'ai dû passer de longues nuits devant les fenêtres à surveiller l'établissement. J'avais pris le mousqueton du grand-oncle Jérôme.

J'ai ramené de ces longues factions la hantise de ces vitres noires avec chacune son ombre et la vie qu'elle abrite. Je les voyais comme un jeu de cartes, avec chacune son roi, sa dame, son valet, ou comme des vitrines de musée sous lesquelles on voit des insectes piqués sur un bouchon. Je voudrais pouvoir leur parler. Je sais qu'ils sont là et tout m'arrête : leur grouillement insaisissable, et cette barrière invisible qui semble s'ajouter aux murs, aux portes.

L'autre nuit, comme souvent, j'ai essayé d'entrer. Ils avaient mis une serrure à secret. J'ai essayé pendant des heures toutes les combinaisons de chiffres. Rien n'y fait. Je suis à la porte de chez moi.

Que de bons moments, pourtant, j'ai passé avec eux! J'ai flirté souvent avec les dames, j'ai causé bien souvent avec les vieux messieurs, j'ai joué avec les enfants. Mais quelles conversations avoir avec ces ombres qui passent sous les portes disjointes ou traînent sur les dalles du seuil. On aperçoit sur les murs des couloirs, sur les paravents, les plafonds, des tragédies, des pastorales, des ballets d'ombres. Ce monde plat est sans substance; cet univers lancinant est narquois, car il a beau singer la vie, il a beau lui être lié par la lumière et la géométrie, comme l'ombre est liée à l'arbre, il mène sa vie personnelle qui ne renseigne pas forcément. Il trahit la réalité de mille façons différentes suivant la hauteur du soleil et suivant l'angle des écrans. Quelles erreurs irréparables, quelles aventures imprévisibles déchaîne dans ces conditions l'ombre d'une main qui se lève ou d'un profil qui se retourne! On ne peut pas, en concluant de ces ombres, être exactement renseigné sur l'existence de la maison. Pour pouvoir faire, au fond, de belles photographies, il faudrait beaucoup mieux que des ombres, et même beaucoup mieux que des vivants. Il faudrait trier dans la vie le geste caractéristique et pour cela surprendre les secrets. J'ai regardé par le trou des serrures. J'ai vu la dame blonde qui mettait sa perruque, j'ai surpris Bernard Chabriat, le grand penseur, le doctrinaire, dans sa plus stricte intimité : il avait mis deux doigts dans sa bouche et la tirait vers les oreilles et regardait le bout de son nez avec des yeux qui arrivaient presque à se toucher. Bref, il se faisait des grimaces devant son miroir. Quant à monsieur Milch, le régisseur, le factotum de la comtesse, qui servait si solennellement avec des gants de coton blanc noircis au bout, je l'avais surpris autrefois, avant qu'il ne passe en justice, dans sa petite chambre du grenier. Son crâne chauve luisait sous un rayon de lune et, assis sur une chaise boiteuse, il jouait de l'harmonica pour faire danser Salomé, la petite fille de la comtesse, qui avait douze ans, sur l'air de la Neuvième Symphonie. On a connu le procès de Milch par les journaux; l'affaire du château des Bruyères et l'histoire des petites bergères dont il avait découpé les oreilles avec un sécateur de la marque Brebis. On sait comment la petite Salomé fut découverte dans une cabane de jardinier : sa tête était debout sur la table, pelée comme une pomme de terre; son corps ne fut jamais retrouvé. On sait que Milch exposa aux gendarmes qu'il avait besoin de cette vision et de ces oreilles ouvragées pour éclaircir sa conception du monde et pour nourrir son œuvre musicale. Il avait besoin d'étrangler des bergères, expliqua-t-il, pour trouver Dieu. Je l'avais photographié en tenue de réserviste!... La légende du village était bien plus perspicace. Elle raconte qu'il arrive parfois que ses gants blancs servent tout seuls des ragoûts et des entremets sur la table de la comtesse; et voilà le portrait qu'il fallait prendre de Milch! Quant à la petite Salomé, j'aurais dû photographier sur les vitres du grenier la danse de son ombre sans tête.

Les loisirs que me procurent ces grèves m'amènent à examiner la valeur de mes locataires. Je les prends d'ordinaire comme ils sont : leur existence me regarde-t-elle? Pourtant, si je me renseignais, j'aurais peut-être moins de surprises. J'ai eu parfois des locataires parisiens. Ils payaient mal mais ils étaient joyeux.

Ils nouaient mille relations, ils réunissaient leurs amis, ils chantaient, ils mettaient dans la vieille maison une frivolité contagieuse. J'ai eu des gens plus surprenants, comme l'abbé américain, avec son grand sérieux, son chapeau noir, sa cape ecclésiastique, ses goûts sportifs, son besoin de tennis et de hockey sur glace qui ne trouvait à se tromper que dans les étages. C'était encore un mélomane. A minuit, les couloirs tonnaient : il jouait la Tosca sur le piano à queue qu'il avait fait descendre du grenier dans sa petite chambre du troisième où il lui restait à peine la place de se coucher.

Il y a aussi des locataires qui m'ont bien amèrement déçu. Je les avais logés, un jour, sur leur bonne mine. Ils se sont follement conduits. Ils disparaissent tour à tour. Leur sort m'inquiète. Ces grèves ont causé bien du tort à l'immeuble. Mille rumeurs courent au village. On voit rôder, dans les sous-sols de la maison, par les soupiraux de la petite rue, des hommes vêtus de longues blouses blanches et coiffés de casquette à visière de cuir, qui ont l'air de remplir des fonctions officielles, et ne sortent qu'aux heures crépusculaires. Que font-ils dans ces longs couloirs où la lumière des soupiraux tombe sur la terre battue à travers les grilles rouillées? Je ne sais. Mais les gens racontent qu'en passant devant les grilles, on entend monter du fond des caves des craquements comme d'os broyés. Le vieux qui m'a dit cette histoire croyait encore entendre craquer à son oreille ces ossements qui faisaient un bruit de branches sèches qu'on casse pour allumer son feu. Il avait remarqué, disait-il, que les locataires disparus avaient été, dans la plupart des cas, aperçus vers le soir, rôdant autour des caves.

Ce qu'il y a de certain, c'est que les hommes à blouse blanche engraissent d'une façon inquiétante. Les racontars du village m'impressionnent-ils? J'entends maintenant, moi aussi, des craquements dans les sous-sols et dans les caves, et quand je vois les hommes à blouse blanche passer dans cette ombre inquiétante, congestionnés, la face vernie, couleur de brique, avec des moustaches de douanier et des yeux d'albuminurique, il me semble que je n'ose pas soupçonner toute la vérité.

Pauvre maison si tranquille autrefois et dont j'ai tant photographié les quatre murs! Celui du nord qui est tout froid, celui du sud, qui vous brûle la main en été, celui de l'ouest, celui du vent, dont le crépi est rongé par la pluie, et celui de l'est dont les fenêtres reflètent le matin les deux barres jonquille qui annoncent le jour au-dessus des plateaux, entre Ferraz et Paluel...

J'ai cru qu'avec la fin des grèves toute l'affaire allait s'arranger. Mais il n'y a plus de doute possible : mes locataires déménagent en série. Ils déménagent à la cloche de bois. L'autre nuit, l'abbé d'Amérique a emporté le piano à queue avec l'aide du nègre et des trois collégiens, dans la chambre de l'acrobate, pour le charger demain sur le camion du laitier.

Ils m'en font trop. On ne peut plus les tenir. Depuis la fin des dernières grèves, j'avais pris l'habitude d'aller les voir souvent, discrètement, par acquit de conscience, pour justifier à mes yeux, simplement, ma présence dans ce village...

Qu'arrive-t-il? Je les laisse isolés, bien sages, parfois même dans leur lit – car il y a souvent des malades –, je les soigne. Une heure plus tard, le lit est vide et la tisane renversée. Je les retrouve chez l'un, chez l'autre, jouant, riant, criant, buvant à la bouteille, vidant des verres et chantant bruyamment. Moi qui ai pris si grand soin de les classer par quartiers, d'organiser leurs relations, de préparer de loin des mariages assortis, je les retrouve n'importe où, désorganisant mes projets, brouillant mes plans, introduisant partout un tel désordre, un tel chaos que personne ne s'y retrouve. Pourquoi m'a-t-on légué une telle maison? Quelle anarchie! Que c'était beau quand il y avait encore l'orchestre, quand l'oncle Anselme présidait aux leçons de solfège, à la Polka des Hirondelles, à l'heure où les tilleuls embaumaient le salon et où de grands papillons de velours venaient rôder autour du gendarme en étain et du chasseur Louis-Philippe.

J'essaie de leur donner la peur des hommes à blouse blanche : chansons! Ils leur tendent des cordes pour les faire tomber dans le couloir. Le plus gros, Mustruchu-Foutroulou, celui qui porte toujours un pot de colle – je ne sais pourquoi – et un pinceau, a disparu lui aussi l'autre jour, dans une bagarre de la cave. Je n'ose imaginer son sort car, au moment où il est tombé, c'était en bas de l'escalier, il a roulé au milieu de tous ses camarades. Quand les autres se sont dispersés, assurent les gens du village, on n'a plus vu que le pot de colle et le pinceau sur le sol en terre battue, dans l'éclairage du soupirail. Le pot de colle et le pinceau sont restés. Chaque fois que je passe devant, je suis sûr de faire un mauvais rêve. Les histoires des gens du village finissent par m'impressionner.

Ces mauvais locataires me causent bien du souci. On me dit que je devrais sévir. Mais ils ont payé leur entrée parfois si cher que je ne puis leur en vouloir dans tous les cas. Il y en a qui ont dû s'engager pour une somme considérable et qui ne peuvent tenir leur promesse; d'autres qui les tiennent à peu près et ce ne sont pas les mieux logés! Il faudrait que de mon côté, avec eux, je puisse tenir les miennes. Mais je n'ai pas le temps de m'occuper de tous. Quand j'ai un bel appartement, c'est parfois le mauvais payeur qui le prend, l'occupe et n'en sort pas. Les coquins s'incrustent ainsi dans les pièces les plus somptueuses. J'ai dû loger des princes dans des endroits sordides. Mais parfois aussi leur conduite se justifie honnêtement. Comme il y en a qui ont payé cher! Il y en a qui ont donné leur vie. Il y en a qui sont rentrés comme un cheval dans une auberge et tous les autres s'écartaient sur leur passage et l'on ne pouvait plus voir qu'eux. Ceux-là, je ne leur demande rien, je ne cherche pas à les photographier. C'est pour le plaisir que je les loge; pour la conversation, le soir, après dîner, en fumant une pipe sur un banc.

Il y en a plusieurs dans ce cas au quartier des Enfants Frivoles. Ce sont les pires pour le bon ordre de la maison. Dès que je perds de vue ce monde turbulent, dès que je ne maintiens pas rigidement chacun dans les limites de son domaine, ils sont prêts à tout envahir, à faire de tout un carnaval mélancolique plein de dorures et de chansons, à utiliser les vieilles dames, les messieurs les plus respectables, les canards du Jardin des Plantes, et jusqu'au Principal du collège du canton qui est venu prendre sa retraite dans mon immeuble. Ils donnent à tout des noms chinois et poétiques. Ils promènent sur la pièce d'eau une barque dorée qu'ils ont dû dérober dans quelque manège forain. Ils plantent, partout où ils se rendent, des décors de sous-préfecture, des bancs de square, des becs de gaz en fonte pour servir de décor à leurs pantalonnades; ils ont volé au collège du canton des dieux grecs et des bustes en plâtre, sans compter l'écorché de la salle de dessin que le Principal a reconnu avec stupeur dans sa baignoire; ils répandent sur toute chose je ne sais quelle atmosphère étrange de solennelle frivolité. Ils font un sort à tout : aux cartes postales, aux parapluies, aux réclames des journaux; ils ont créé une mythologie à eux, dont la dame des Pilules Orientales forme le principal pilier. Ils mettent tout sous un globe entouré de dorure et ne laissent jamais rien aux choses de leur apparence ordinaire. Ils ont organisé chez l'abbé d'Amérique, qui se prête à toutes les fantaisies, une espèce de musée Grévin où l'on peut voir Mustruchu-Foutroulou, le président de la République, un sergent de ville, le Principal et un parricide étonné qui regarde avec des yeux de grenouille le cadavre de son vieux père qu'il a entamé à la hache et achevé à la mort-aux-rats. Le père gît sur le ventre au pied d'un tonneau neuf, dans un décor de cave rustique, la casquette à côté de sa tête, et la mort-aux-rats sur la table, dans une soupière à fleurs. De quelle école extravagante, de quelle chanson populaire, de quelle complainte de fête foraine sont-ils sortis? De quel square de sous-préfecture? De temps en temps, l'un d'eux se noie, se pend ou part pour l'Amérique. Je ne me suis jamais expliqué qu'ils puissent être aussi frivoles et aussi tragiques à la fois. Ils n'ont jamais choisi de la vie que l'excessif ou le parodique : dans l'amour le suicide, dans l'armée les Spahis. Sans doute sont-ils nés en province à cette époque de la fin de l'autre guerre qui transforma tant d'enfants en soldats, où l'on retrouvait l'élève Frédéric Lamourette, qui portait en toutes saisons un pantalon de bain de mer blanc rayé de bleu, montant la garde dans les Vosges sur un gros cheval de brasseur, et le petit Perceron qui venait de passer le bachot, en col marin et en culotte garçonnet, étendu au fond de sa tranchée comme un petit guignol aux ficelles cassées, gazé comme les copains et la gueule déjà verte. Sans doute, déjà, portaient-ils au fond d'eux cette mort violente et ce destin brutal qui devait les jeter dans la nuit et la gloire – une gloire obscure qui ne payait pas – encore tout saupoudrés de latin, tatoués d'équations, humides d'encre de Chine. Ils se conduisent partout comme des permissionaires. Le jour du bal du Pont du Nord, ils frètent des barques dorées. Ils emmènent les filles du village. Il y a au bord de la rivière des guinguettes ripolinées, avec des charmilles et des labyrinthes en fusain noir. Le soir ne se passe jamais sans qu'il y ait eu quelque noyade à l'Auberge du Labyrinthe et qu'on entende sonner les cloches de Saint-Gilles, dans un crépuscule de complainte.

Les piliers de leur escarpolette déteignent sous le vieux tilleul. Une casquette à palmes d'or a été oubliée sur le mur, du côté de la campagne. Dans les ronciers, sous le rempart, ils ont jeté une ombrelle rose, et les carcasses de lanternes vénitiennes pourrissent dans le marronnier.

Il y a de nombreuses années que j'ai laissé la vieille maison. Mes locataires avaient fini par ne plus payer leur loyer. Ils avaient décidé de régler en nature. Ou alors, moitié en nature et moitié en espèces, ou de cent autres façons. On n'imagine pas toutes leurs combinaisons : quelques fois c'était un plat de truites, d'autres fois une place de théâtre. Il m'est resté de ces ingéniosités une machine à coudre rouillée avec peinture d'argent dont on m'offre cent sous et le portrait du paquebot *Normandie* qui paraît vraiment implaçable. Quand je pense que je prenais ma maison pour un immeuble de rapport! L'ortie a envahi les cours, les murs se fendent et jaunissent, les plâtres tombent, le marronnier foisonne, déborde, recouvre tout de ses feuilles et de ses grappes roses, le vieux crépi des murs à gros talochage se tapisse de capillaires et les deux girouettes grincent autour de leurs drapeaux de fer et de leurs roses des vents brodées d'initiales rouillées...

Que font-ils tous? J'avais voulu les oublier. Ils m'en ont tellement fait! Maintenant que je n'y suis plus, que font-ils tout seuls loin de moi, privés en somme de leur père? Car je sais bien qu'ils ne peuvent pas se passer de moi; ils ne peuvent pas se passer de mon tourment, ils ont besoin de mon souci, de mes entrailles et de ma vie. Ils ont maigri certainement, ils se dessèchent. Ils se réunissent le soir sous les gros murs du jardin potager, dans le brouillard, et crient comme les petits pélicans qui attendent le retour du père. Mais que puis-je leur rapporter de la guerre ou de mes vaines randonnées? Je n'ai trouvé qu'un lorgnon d'opticien – une enseigne de devanture – en fonte dorée, avec un verre bleu et l'autre rouge. Si je le leur donne, c'est avec ça qu'ils m'offriront de payer leur loyer. Les jours de soleil, l'après-midi, ils doivent monter dans le gros marronnier pour regarder si je viens sur la route. Comme ils sont maigres et ardents et faméliques, comme ils guettent du haut des branches! Et tout en haut, c'est l'abbé d'Amérique avec son grand air respectable et son parapluie du dimanche. Monsieur Milch, en gants de coton blanc, arrose le jardin fleuriste et fourbit à la pierre ponce, au ripolin, à l'encaustique, le vieux gnomon, caché sous les pivoines rouges. Le Principal, avec sa barbe, son ventre, ses lunettes d'or, sa jaquette usagée, son melon et ses galoches neuves, sonne la cloche éperdument, comme sur un navire en détresse, la nuit, quand la lune devient rouge. Tel doit être leur désespoir. Et le matin aussi, poussés par le tourment, quand l'aube est fraîche, et quand les roses se réveillent toutes mouillées au bord du carré de ces gros choux dont la feuille est gaufrée comme une peau de crocodile, il faut encore qu'ils m'appellent et que ce soit leur premier cri. C'est le Principal qui mène la bande. Je le vois, brigand, qui se glisse en cachette, la barbe pleine de rosée. La corde de la cloche pend dans le marronnier comme la queue du serpent de la Genèse dans l'arbre du Bien et du Mal. Il paraît entre les rhubarbes dont il écarte les grandes feuilles à hauteur d'homme, à pas de loup. Il lève la tête, il rajuste sur son nez rouge ses légères lunettes d'or, il taquine la queue du serpent et la vieille cloche fêlée casse l'air de ses notes fausses. C'est la voix du bateau qui appelle son capitaine. C'est le cri de l'équipage en détresse. Qu'ont-ils pu faire en mon absence ? Comme je les ai bien perdus ! Les grands ont enfermé les petits dans les placards. Comment libérer tout ce monde ? Comment les retrouver dans les coins, dans les greniers, dans les caves, dans les coffres ? Comment leur donner à manger, leur faire retrouver leurs familles ?

Voilà ce qu'on imagine de loin, voilà les rêves de la sollicitude. Quand j'ai pris le train pour les revoir, c'était si beau ! On change à Paluel pour la dernière étape (c'est le train d'intérêt local).

Et pourtant, j'ai raté mon retour. J'avais imaginé que je les trouverais tous dans le jardin, comme à l'époque de l'oncle Anselme, les petits avec leur col marin, les grands en costume du dimanche, et le Principal – qui sait ? – dans sa toge orangée...

Quand j'ai sonné, personne n'est venu. A la quatrième fois est arrivée une bonne qui avait un air tout affairé et qui a à peine compris ce que je lui demandais. Elle devait être assez nouvelle dans la maison, je l'avais rencontrée autrefois, mais je ne me rappelais plus bien où, et, de son côté, elle ne m'a pas reconnu :

– Vous n'êtes donc pas d'ici ? lui ai-je demandé.

– Non, m'a-t-elle dit, je suis de Saint-Fériol.

Elle y mettait une espèce de fierté, de prétention et presque d'arrogance qui me paraissait inexplicable. Puis, comme sans doute je ne paraissais pas en être assez impressionné, elle ajouta :

– C'est le pays du satyre.

– Le satyre?

– Oui, me dit-elle, tous les journaux en ont parlé.

C'était de là que lui venaient sa fierté, ses yeux brillants, son assurance, son importance.

– Vous ne saviez pas?

– Non, lui dis-je.

– Il y avait son portrait dans *L'Etoile* d'avant-hier. Maintenant c'est moi qui le remplace.

Elle s'en trouvait si flattée qu'elle m'expliqua toute l'aventure. Ce fut ainsi que j'appris l'histoire de Milch.

– On lui coupera la tête, dit-elle.

Et cette fois, elle s'épanouit. Elle en était si satisfaite qu'elle condescendit enfin à me demander ce que je voulais.

– Faites-moi voir Monsieur Choubrut (c'est le nom du Principal).

– Je ne sais pas où il est, dit-elle. Demandez au propriétaire.

– Et le propriétaire, où est-il?

– Je ne sais pas, dit-elle.

Elle ne savait même pas que je n'étais pas là.

– Il y a son bureau au premier. Vous reconnaîtrez bien la porte, il y a sa carte de visite.

La maison paraissait déserte, mais des enfants, poussés par la curiosité, s'étaient cachés derrière une tenture et j'entendis des petites filles qui pouffaient. Je pris l'escalier du premier. Tout était négligé, mais on devinait encore combien la vieille maison avait dû être magnifique à l'époque où elle appartenait aux gens riches qui l'avaient bâtie. De grandes enfilades de pièces révélaient des fauteuils troués, des pendules arrêtées, des trumeaux enfumés et de grands miroirs qui reflétaient de l'ombre et des choses dorées.

Par la grande fenêtre Louis XV à petits carreaux, dans le vestibule dallé, j'aperçus le pied de rhubarbe et les montants de l'escarpolette. Un petit garçon qui écrivait sur le mur s'enfuit en me voyant approcher quand je posai le pied sur la première marche. Sur le mur, couvert d'inscriptions, je lus : « M... pour le propriétaire. » Quand on revient d'un long voyage, c'est un détail décourageant.

Au premier, je vis mon bureau avec une carte de visite épinglée par quatre punaises. Machinalement je frappai et n'entendant pas de réponse, je m'attardai sur le palier. Je finis même par m'asseoir sur l'escalier en me disant : « Il reviendra peut-être. » Puis je partis découragé.

Les enfants chuchotaient dans l'ombre du salon. Aux piliers de l'escarpolette, on avait attaché le cheval Vesuvio, le gros cheval qui tirait le break quand on allait chercher les cousins à la gare. J'ai attendu longtemps, rôdant dans les couloirs; la cuisine était vide et les fleurs du jardin qui étaient d'une éclatante beauté accroissaient encore la tristesse de cet après-midi splendide. Je suis sorti dans les allées, je suis rentré, le soir tombait. On avait allumé une lampe de mineur qui éclairait faiblement la cage de l'escalier. Pas un bruit dans les salons vides. Je n'ai trouvé que le Principal avec son ombre sur la voûte.

Il hésitait à me reconnaître. Personne ne m'attendait plus.

– Nous préparions une grande fête, m'a-t-il dit, pour le retour du propriétaire.

Mais cette fête il hésitait à la donner. Je voyais bien qu'il ne me reconnaissait pas. Sans doute avais-je trop vieilli et tout conspirait à m'attrister.

– Ils sont tous allés à Paluel, me dit-il, pour acheter les accessoires de la fête.

Il se demandait, je le comprenais bien, s'il devait la donner maintenant ou la remettre.

Nous sommes sortis jusqu'au rempart, au bout du jardin potager. La nuit était presque tombée. Un brouillard montait de la pièce d'eau, couverte d'une couche de lentisques. On entendait les grenouilles sauter dedans. Il a sifflé. Personne n'est venu.

J'ai remarqué pourtant dans les coins du jardin une sournoise agitation d'ombres, de petits êtres qui trottaient et s'échappaient. Personne n'était à sa place. Finalement, deux ou trois sont venus. C'étaient sans doute les plus vieux dans la maison car les nouveaux ont l'air d'être à l'état sauvage. Ils étaient maigres, desséchés; nous nous reconnaissions à peine. Ils sont partis effarouchés. Le Principal m'a dit :

– Attendez un moment.

Il en a ramené quelques-uns. Je ne sais pas où il les a pris. Il est allé sans doute chasser sous la rhubarbe, derrière les malles, dans les placards et sous les lits. Ils doivent se trouver là, mêlés comme des jonchées, tassés comme des nichées de rats ou des bêtes effarouchées.

J'ai essayé de les réunir sur le rempart. J'avais préparé un discours : « Mes chers enfants, etc. » J'ai voulu commencer, mais ils se disputaient au sujet de leur place dans les rangs et les grenouilles coassaient dans la vasque. Le soir tombait, le froid, l'humidité. Le brouillard et la nuit effaçaient toutes les formes. Le Principal avait apporté la lanterne, mais, même en les voyant, je ne savais plus leurs noms, je ne les reconnaissais pas. Ils s'en allaient découragés. La guerre avait passé sur nous, le casque me faisait encore mal et nous ne pouvions pas nous comprendre. Comme ils criaient! Comme ils me faisaient mal!

Je me suis retrouvé tout seul dans le vestibule. Par la fenêtre, le jardin était tout noir. Des étoiles apparaissaient entre les feuilles du prunier, je me suis rappelé l'après-midi, le soleil qui frappait les pivoines, les prunes qui tombaient en éclatant à terre, et l'abeille qui bourdonnait autour des roses.

Le lendemain matin, quand je me suis levé, j'avais renoncé à la maison, à mes loyers et à moi-même. Il ne me restait plus que le soleil, les étoiles, les choses qui sont à tous sans qu'elles soient à chacun. Je ne pouvais pas m'empêcher de me dire : « J'ai frappé à ma propre porte et personne ne m'a répondu. »

J'ai décidé de vivre sans moi-même.

Je suis retourné à la maison. Personne ne surveille les entrées. Je me suis installé dans un petit salon, celui où j'avais découvert, la veille, comme une chose jamais vue, cette magnifique enfilade de pièces aux meubles décrépis. Dans une chambre, au premier, j'entendais des chansons. Un petit garçon qui passait et que j'ai questionné sur ces chœurs, m'a répondu d'un air de mystère, en mettant un doigt sur sa bouche, qu'on attendait le propriétaire, qu'on préparait sa réception et que c'était à cette occasion qu'on répétait ces chansons solennelles. C'était le Principal qui avait fait les vers.

Ainsi, malgré notre rencontre, il n'avait pas cru que c'était moi... on attendait toujours le maître.

En passant devant l'écurie, j'ai retrouvé les

professeurs qui logeaient au troisième étage, attachés comme des chevaux devant les rateliers vides. Sur chaque box, une étiquette portait un nom de cheval de course : Cléopâtre ou Empelopsis. J'ai appris que c'était les enfants qui jouaient avec eux aux petits chevaux, ils pariaient à qui d'entre les professeurs arriverait le premier à la soupe. Les professeurs étaient en jaquette noire. Leur nez heurtait les rateliers, leur barbiche traînait dans l'avoine.

Je n'ai pu m'empêcher de rire. Quand j'ai détaché leur licol, ils m'ont expliqué en riant qu'ils avaient été les victimes d'une bande de garnements. Et voilà où en sont les choses. Pourtant, il faut que la maison marche; il faut que cet immeuble rapporte. Pourquoi m'a-t-on laissé cette maison impossible? S'il ne s'agissait que de mon agrément, je pourrais fort bien me contenter d'aller fumer la pipe avec les locataires. Mais de quoi vivrais-je? Il est indispensable que je parvienne à prendre et écouler de bonnes photos. Mais comment faire pour organiser des groupes avec des gens si peu disciplinés? Après ils ne veulent pas se rendre compte que la guerre m'a fatigué, ils ne me connaissent plus, je ne les connais plus. Je n'ai plus la force d'entreprendre. C'est une situation sans issue.

Comment les retrouver dans les coins, dans les greniers, dans les placards, dans les coffres où ils se cachent? Quelle surprise quand j'ouvre un réduit, quand je libère un de ces malheureux que les autres ont enfermé pour le spolier ou pour se distraire. Chacun recherche sa famille. Un qui revient, c'est dix ou douze qu'on retrouve, ses frères, ses sœurs, ses neveux. Quelles nichées de rats! Quelle procession; et dans quel état les trouve-t-on; et quel désordre! Quels mariages déraisonnables! Comment débrouiller maintenant, avec la fatigue où je suis, ces états-civils compliqués, ces situations dans lesquelles le notaire se perd lui-même, ces intrigues, ces imbroglios, ces complications sentimentales? Et les disparitions? et tout? et le délabrement, comment s'y retrouver! Ils ont changé entre eux de costumes, de sentiments, de spécialités... et mes loyers, il faut pourtant que je vive!

Il y en a un que je sais qui pourrait m'aider dans ce travail et je pensais le trouver tout de suite. Il connaît la maison mieux que moi et je croyais qu'il m'attendait. Je l'avais quitté un jour de grand soleil. Nous avions suivi la même route. J'étais seul avec lui, loin d'ici. Et ce jour-là, à cette heure-là, dans cette immense solitude où nous étions, il a fallu choisir de vivre ou de mourir. J'ai pensé que la vie était peu honorable et avant de partir je l'ai congédié. Nous sommes restés un bon moment à ressasser deux ou trois choses et nous avons conclu tous deux qu'il valait mieux nous séparer. Je lui ai donné mes avis, je lui ai donné mes souvenirs : il ne m'a laissé que ma chemise avec la corde pour se pendre. Je l'ai vu tourner autour de la place avec mon casque et ma musette et disparaître. La dernière chose que j'ai vue, c'était son ombre. Je savais bien qu'il reviendrait à la maison. Cette maison absorbe tout le monde. Il a dû pendre au vieux porte-manteau, sous les cornes de l'oncle Anselme, sa capote et son ceinturon et s'installer dans quelque pièce. Peut-être s'est-il logé chez les Enfants Frivoles : c'est le coin où il y a des livres, des mappemondes et des chansons. Ou bien alors il a dû prendre une chambre en haut pour pouvoir me guetter de loin. Je sais bien qu'il y avait peu d'espoir, mais on ne sait jamais sur la route.

En fin des fins, il y a toujours un page, comme dans la chanson de Malbrough. Celui du village est un vieux facteur au nez rouge qui aurait bien aimé boire un coup.

Je ne l'ai pas vu plus que les autres. Il faut un grand hasard pour qu'on en rencontre un. Les enfants sont sûrement revenus de Paluel, mais ils se cachent. Je ne vois jamais personne que derrière les vitres. Je ne l'ai pas trouvé dans le grenier. Il faut chasser ce monde fugitif comme le lièvre ou la bécasse. Je vais me tapir dans les ronces pour le guetter sous le vieux mur. Un soir, comme tout était sombre, je l'ai vu qui passait par le vieux soupirail : la tête d'abord, puis les épaules, puis aplati contre le sol. Puis il s'est relevé lentement, il a secoué la terre de sa vareuse, puis, lentement toujours, avec des précautions, il est allé jusqu'au rempart. Il a regardé les étoiles. Le ciel en était plein. Orion lançait des flèches; les étoiles du petit Triangle semblaient liées par des pointillés (on aurait dit une figure sur un livre de géométrie); le glaive d'Orion montrait le Sud. Ensuite, l'homme est rentré comme il était sorti. La pièce doit être dallée, j'ai entendu rouler son casque.

Maintenant je sais où il loge. Je n'accepterai pas de me laisser distraire. Je trouverai le chemin de la pièce; c'est à lui que je parlerai.

Je suis allé le voir au fond de sa cave. Je l'ai trouvé devant une table boiteuse, étudiant un plan de la maison. J'ai relaté mes entretiens. Nous avons éclairci certaines choses.

– Pourquoi, lui ai-je demandé, loges-tu toujours dans la cave?

– En ton absence, m'a-t-il dit, je ne voulais pas habiter la maison. Je t'attendais.

– Je ne pourrai plus rien faire. Ils ne veulent pas me reconnaître et moi je les reconnais à peine. D'ailleurs s'ils me reconnaissent, ils ne croient pas que c'est moi. Et puis je ne comprends rien de ce qui se passe. Tu le vois bien...

– Ça a toujours été comme ça.

– Comment? lui dis-je. Ça a toujours été comme ça?

– Oui.

– Comment se fait-il que je ne m'en souvienne pas?

– Tu es fatigué, me dit-il. Moi aussi, il y a des jours où je ne comprends pas. Mais tu sais bien qu'on n'a jamais rien fait de cette race quand on la cherche. Tu sais bien qu'ils ne veulent danser que sur un seul air de musique. Tu sais bien que tu fais un métier de charmeur de serpents. Nous ne sommes pas des photographes, nous sommes des joueurs de flûte.

– C'est vrai, lui dis-je. J'ai travaillé pour rien. J'avais oublié l'air de flûte et j'ai raté toutes mes photographies. Mais qui a la flûte?

– Ils l'ont cachée; tu sais bien qu'ils la cachent toujours, il faut la leur prendre de force.

– Quelle race exaspérante, lui dis-je. Ils m'ont joué tous les tours possibles. Tu connais la Dame blonde?

– Oui.
– Schuhmacher ?
– Oui.
– Jalibert ?
– Oui.
– Et tous les autres ?
– Oui, je connais toute la maison.
– Eh bien, alors, explique-moi le mystère de leur conduite.
– Il n'y a pas de mystère, dit-il. C'est toi-même qui les a fait venir. Mais tu dois mal te souvenir de la maison. Tu t'es souvenu de plusieurs photos que tu as faites et tu les a superposées. Tu as dû oublier de faire tourner la pellicule et tu as pris toutes les photos sur la même.
– Alors, tu crois que maintenant... ?
– Mais oui, dit-il, mais va te coucher. Je suis affreusement fatigué, moi aussi. Laisse-moi me coucher. Moi, c'est les pieds.
– Moi, c'est la tête.
On est frais, comme disait le maréchal des logis.

Il faudrait retrouver la flûte mais j'en arrive à ne plus croire à rien. J'habite toujours au village des chambres qui ne sont pas à moi.

Il y a des jours où je me frotte les yeux, où ma maison n'est plus qu'un songe, une fumée. Le village, soudain, m'apparaît comme une négation de cet immeuble fantomatique et de ses locataires décevants. Pourtant, si mal que ce soit, je vis de leurs loyers. Pourtant le village est ici; on ne peut pas nier ses murs et ses ruelles. Pourquoi nierait-on l'horizon? Or, de chacune des drôles de chambres où m'ont logé les hasards d'aujourd'hui, de chacune de mes fenêtres, je retrouve toujours la maison : sa grosse tour, ses vieux toits de tuiles cassées, ses marronniers, ses tilleuls et ses murs, ses gros murs couverts d'arabesques par les ronces dans lesquelles gisent l'ombrelle rose et les carcasses de lanternes vénitiennes. L'après-midi, les feuilles tombent tout autour, à l'arrière-saison, et font des tas dorés. Chaque soir je vois ses lampes qui s'allument comme celles de la tour Saint-Gilles. Elle est là, à portée de la main pour ainsi dire, et mes cartons, mes tiroirs, mes greniers, ne sont pleins depuis une vie que de ces photographies ratées.

Plus elle paraît loin, plus elle semble nette. Il y a des jours, quand je vais me promener, où elle m'apparaît au loin, sur sa falaise, comme un château d'images d'enfant, avec, autour, un anneau de nuages précis comme ces ronds de fumée qu'on fait avec une pipe. Et d'autres jours, où je me trouve devant sa porte comme devant un porche immense et ténébreux pareil à une eau-forte et plein d'on ne sait quelle vie.

Cette vie, d'ailleurs, a je ne sais quel magnétisme, elle tend à annexer le village.

Je ne peux donc pas la nier; je ne peux pas ne pas y croire. Et je ne peux pas l'habiter tant qu'elle sera dans cet état. Dois-je donc vivre sans moi-même?

Elle est là. Mais tout est décevant. Je croyais savoir que le village me la confirmerait. Ce n'est pas vrai. Ce village paisible, dans son grand cadre d'horizon couleur de bure et de fumée, tantôt me la confirme et tantôt me la nie.

Il reste cependant qu'elle déteint sur lui. Le soir, cette grande bâtisse est le seul endroit d'où il reçoive un éclairage, car il n'y a pas de bec de gaz dans les rues. Ce sont ses fenêtres qui lui donnent quelques lumières.

Et finalement, c'est le village qui finit par lui ressembler.

J'habite ici, j'habite là, j'habite des chambres d'occasion comme un nomade. Je monte la garde autour de ma propre maison dans ces guérites dont la vie me chasse tour à tour (en somme j'habite à ma porte), et ce logis qui me refuse moi-même, semble accueillir si bien le reste qu'il recompose ses décors autour de moi et que mes chambres passagères semblent sorties de ses greniers. Tout se passe comme s'il avait des frontières dilatables qui s'étendent jusqu'à mon décor, des limites mouvantes, des ventouses qui s'allongent jusqu'autour de moi sans jamais m'englober moi-même; comme s'il était colorié d'une aquarelle encore humide qui bave jusqu'autour de moi sans pouvoir mordre sur ma personne. On m'a offert une chambre à l'école : on s'y serait cru chez les Enfants Frivoles; de la fenêtre on découvrait des écuries comme celles de la maison et un couloir sur le mur duquel on voyait « Le savant Volta présentant la pile électrique à Napoléon premier consul », le vent travaillait le linge qui séchait sur une corde et un tas de cosses de haricots comme dans le grenier de la Dame blonde. Tous les couloirs ramènent en somme à ma maison. Tous les chemins fortuits y aboutissent! De même la fête que l'on a donnée dans le préau. Les vieux hommes qui sont venus avaient des habits noirs et de grands chapeaux noirs, et les femmes des robes rondes avec des châles de couleur. Les élèves du patronage ont joué le « Crime de la rue de Lourcine » et dans la salle du cours moyen où était installée la buvette, un esturgeon de carton peint (un esturgeon zoologique, un esturgeon de certificat d'études) trônait, comme un dieu poétique, au-dessus de la dame qui tenait le comptoir. La deuxième pièce où j'ai logé avait une table marquetée comme celle de la chambre des dames. Et ainsi de suite. Tout le village semble contaminé par le curieux génie de la vieille demeure : on me signale un médecin qui mange les serpents, un évêque schismatique, un joyeux parricide et mille autres attractions qui sentent la vieille maison.

Je ne sais plus finalement si mon immeuble

est un produit de ce village ou le village un produit de mon immeuble. Ils passent tour à tour l'un sur l'autre, ils se prêtent des accessoires et l'on ne peut plus les démêler. Ou alors ils se cachent l'un l'autre; ces éclipses me fatiguent beaucoup.

Peut-être, un jour, le village tout entier entrera-t-il dans cette maison tentaculaire, l'évêque schismatique en tête, accompagné de l'esturgeon du cours moyen, le maire, l'adjoint, les enfants des écoles et les couleuvres du médecin. Que deviendront-ils là-dedans? Happés par les familles, disputés par les groupes rivaux, digérés par les labyrinthes ou dévorés par les colleurs d'affiches, ils disparaîtront des statistiques; le sous-préfet m'en rendra compte. Et les couleuvres hésiteront entre les couloirs.

Je déconseille à tous les jeunes gens de devenir propriétaires de ces immeubles décevants. Cette maison est un fléau. Elle engloutit ses hôtes. Elle envoûte ses habitants; elle les roule dans ses poussières, elle les enduit de ses huiles, elle les digère de ses sucs, elle grippe leurs rouages. A quoi bon les photographier? Je ne sais ce qui m'a éveillé ce matin, si c'était le froid de l'aube ou les cris des Desmartin. Il se tenait au balcon de la maison, celui qu'on voit de profil sur le ciel au bout de la ruelle en pente, et invectivant violemment contre quelqu'un qu'on ne voyait pas. Derrière lui, le ciel qui était d'un or tout pâle, un peu orange et lisse comme une gelée, faisait sa silhouette toute petite, si bien qu'on l'aurait cru très loin. On eut dit un prédicateur qui fulmine contre le siècle, du haut d'une chaire de cathédrale. Il déchirait des papiers, des cartons et les jetait dans la ruelle avec fureur.

– C'est une honte! criait-il. Cette maison périclite et son propriétaire se prélasse dans le sommeil. Lève-toi, fainéant, et va chercher ta flûte. Cherche, trouve. Cette maison était prospère et tous les locataires s'en vont. La tante Fanny va mourir; c'était la doyenne de l'immeuble. Elle mourra dans une maison ruinée et tu en porteras la honte!

Ces cris faisaient trembler les pierres et réveillaient les habitants. Des gens ouvraient les fenêtres en toilette de nuit. Je m'avançai à la fenêtre et je lui dis :

– Tu sais le mal que je me suis donné...

– Je ne veux rien savoir, dit-il.

Et il rentra.

Tout le village a parlé du scandale; on m'a prévenu que les locataires voulaient partir; ils tiennent des conciliabules dans la maison de monsieur Ordonneau (l'ancienne école des sourds-muets, sur la route de Paluel), dont le fils possède à la ville une entreprise de déménagement. Il y en a même qui ont pris l'avion. J'en ai une preuve irréfutable. Ils se sont fait photographier devant l'appareil et ils ont envoyé l'image. Elle circule dans tout le village. Je l'ai vue au café Duvert. L'avion est derrière eux, planté sur ses grosses pattes, la tête rentrée dans ses épaules : une silhouette de marabout. Ce doit être au bord de la mer, et, sur l'infini de cette plage, ils ont un fini de hochet, d'attribut; ils ressemblent à des poupées, de petits objets faits pour être portés dans la main de dieux solennels : le caducée de Mercure, ou la chouette d'Athénée. On ne sait quelle désolation transporte ces pauvres personnages sous les latitudes du destin. Des traces de pas extrêmement précises s'arrêtent tout à coup à leurs pieds, imprimées fortement dans le sable fin comme une poudre de riz : on dirait une espèce d'écriture, un pentacle, une maxime arabe. Et après eux il n'y a plus aucune trace. On les sent peser comme au bord de quelque chose. Eux ils sont là, au premier plan, comme un symbole, avec leurs profils étonnants de harengs saurs, de chèvres russes ou de grandes favorites, leurs pantalons spiralés comme des pieds de table Louis XIII. Ils sont là comme la vie qui passe – fille du passé, enceinte du sort – dérisoires et grandioses.

Ils en avaient probablement assez de se faire photographier devant le temple grec. Ce seront Desmartin et le marchand de tapis qui leur auront monté la tête. Peut-être aussi ont-ils eu peur de la maladie de la tante Fanny.

Je suis passé chez monsieur Ordonneau, à trois cents mètres du village. Mais il n'a voulu me donner aucune nouvelle de la maison et des départs. Il m'a fait boire un petit verre d'eau-de-vie de prunes dans sa salle à manger qui est grande comme une caserne et ornée de vingt tableautins qui représentent tous des zinias jaunes et violets sur un fond noir. C'est un travail de sourd-muet.

– Vous devriez vous inquiéter de la tante Fanny, m'a-t-il dit en hochant la tête.

J'ai quitté légèrement troublé cette maison de sourd-muet, de zinias et de chambres vides. Le parfait naturel de monsieur Ordonneau qui a pris là sa retraite de directeur d'école, et qui a l'air de trouver vraisemblable d'habiter cette étrange maison où l'on a découvert, dans les caves, l'année dernière, une crypte pleine de momies assises en cercle dans des sièges épiscopaux, m'a causé un léger malaise.

Il m'a accompagné jusqu'au portail, à travers une grande cour plantée d'un haut épicéa sur une pelouse; il est resté là pendant un bon moment, en bonnet grec et en blouse grise, à me suivre des yeux sur la route, une main en visière à cause du soleil. De chaque côté du portail de fer, les sauges brillaient d'une couleur aveuglante.

Plus ils sont silencieux, moins ils me laissent dormir. J'ai attendu toute la nuit devant la porte, sur la borne. Il n'en est pas sorti un seul. Ils marchent sur la pointe des pieds, à cause de la tante Fanny, sans doute, si bien qu'on ne les entend pas. D'ailleurs ils peuvent sortir en passant par le rempart.

Je ne veux plus de cette maison. Je ne veux plus de ces locataires qu'il faut rattraper par les cheveux. Je partirai, sinon je serai obligé, pour faire réparer l'immeuble, d'éditer ces mauvaises photos que j'ai déjà, en bloc, en vrac, et de les vendre, si toutefois Desmartin, l'autre jour, ne me les a pas déchirées toutes. Ce n'est pas là ce que j'attendais d'un tel immeuble. Quand je pense au tapis que je leur avais fait mettre autrefois dans le grand couloir... Je les logeais comme des princes! Ils m'en ont bien récompensé!... Je ne vis plus. La maladie de la tante Fanny me cause une inquiétude affreuse. Je ne peux plus me décider ni à rester ni à partir, ni à garder la maison ni à la vendre. D'ailleurs, qui en voudrait?

Quand cesserai-je d'être obsédé par cette maison? Quand me laisseront-ils la paix?

Quand auront-ils enfin déménagé tous, ne me laissant que les murs? Quand aurai-je le courage de donner un coup de pied dans cette vieille bicoque vermoulue?

Qu'ils se débrouillent entre eux, qu'ils se mettent en grève.

Je me dis cela. Et puis voilà que je me rappelle les grandes fêtes qu'on avait données dans le jardin. On avait pris les chaises du kiosque. Ça faisait tant de plaisir dans le village!

Je ne sais plus ce qu'ils font. Je ne les entends plus. Parfois pourtant, j'entends sonner des cloches. Les enfants ont sorti de la serre la barque dorée qu'on y avait remisée après le bal du Pont du Nord.

La scène de Desmartin m'influence malgré moi. J'ai guetté quinze nuits de suite. J'avais apporté mon appareil le plus moderne, cinquante mille francs! Une folie! (Je n'avais même pas osé en parler à ma femme.) Il peut photographier à n'importe quelle distance; de jour, de nuit, ça ne rate jamais. On vise, on tire, clic-clac, l'image est dans la boîte. Mille deux cents à la minute si l'on veut. Il n'y a même pas besoin de recharger : une véritable mitrailleuse. Un bijou. Le fonctionnement est expliqué sur des prospectus verts avec des schémas scientifiques et des barèmes de correction pour le brouillard, pour l'été, pour l'hiver, pour le cercle polaire, pour les gens qui sourient trop vite, que sais-je encore, d'un mot, c'est une perfection. On ne peut pas rater sa photo avec une semblable machine, même si on le veut, et le prospectus explique pourquoi. J'ai donc guetté quinze nuits de suite, quinze longues nuits sous la lune. Et ils sont venus la seizième où je n'avais pas pris l'appareil!

Tous ceux qui restaient sont venus sur la grande place du village. Quel carnaval autour de la fontaine, dans l'ombre de ce vieux clocher, que les murailles paraissaient froides! Que les maisons semblaient dures sous la lune! et quelle foule, quelle foire muette, et quel tourment pour moi qui ne puis rien pour eux. On entendait la fontaine qui coulait sous son urne Louis-Philippe. Quelle froide nuit; quelle drôle de lune en cuivre rouge au-dessus du bureau de tabac!

Tous ces gens, tous ces hommes, toutes ces femmes, tous ces petits, tous ces costumes, et tant de silence et le vieux break de l'oncle Anselme! et le vieux cheval Vesuvio qu'ils avaient attaché à un anneau de fer devant la porte de l'épicerie et qui mangeait son avoine dans un sac. Et les ombres des isolés, si longues, si plates sur le sol ou repliées comme autour d'une charnière quand elles débordaient sur le mur. La dame de la Machine Singer était éclairée par la lune, au-dessus de son bouquet d'orties. Les Hommes de Neige s'étaient assis sur le rebord de la fontaine.

Les chuchotements n'ont pas tardé à commencer.

Pantalacci était adossé au mur jaune, à côté du bureau de tabac et portait une mandoline :

– Tu n'as pas pris ton appareil? me demanda-t-il.

– Non, je l'avais la nuit dernière.

– En somme, tu ne nous auras jamais.

– Non, lui dis-je découragé.

– Alors, pourquoi continues-tu?

– Je ne sais pas.

– Si nous étions sortis pendant ces quinze jours, tu nous aurais pris facilement.

– Comment le sais-tu?

– On t'a bien vu qui attendais.

– Et c'est pour ça que tu n'es pas sorti?...

Pantalacci se mit à rire.

– Ecoute, lui dis-je, Pantalacci, toi comme les autres, je te défends de te moquer de moi.

– Qui se moque de toi? me dit-il.

– Pantalacci, ne me fais pas mettre en colère. Je vous ai accueillis ici, je vous ai soignés, je vous ai logés comme des rois et vous m'avez payé d'une vue du *Normandie* et de lorgnons d'opticien usagés. Si tu me fais mettre en colère...

– Tu ne te mettras pas en colère. Tu sais bien que ça ne t'avancerait pas.

– Qui sait? lui dis-je.
– Pourquoi, dit-il, insistes-tu pour faire une chose que tu ne réussiras jamais?
– Non, en effet, jamais, lui dis-je. Je vais laisser mon appareil, je vais quitter le village, je suis trop fatigué pour continuer cette vie.
– Il ne faut pas, dit-il, il faut persévérer.
– Sans espoir de réussir? Puisque vous ne voulez pas vous laisser attraper, je vous laisserai mourir là, où je vendrai la baraque.
– Il faut rester, me dit Pantalacci.
– Si vous ne payez pas vos loyers...
– Nous les paierons.
– Oui... en boutons de bottines?
– Tu ne nous aimes pas.
– Si, mais je ne peux pas vivre avec une race comme la vôtre.
Il éclata de rire franchement.
– Il faut continuer, dit-il.
– Sans espoir de réussir.
– Peut-être.
– Alors, pourquoi?
– Je ne sais pas. Pour le plaisir de la chasse. Alors, que vas-tu faire?
– Ma foi, continuer, puisque tu me le dis. Pourquoi ne réussirais-je pas?
– Parce que tu ne nous aimes pas assez. Parce que tu n'aimes pas ceux qui t'aiment.
– Ils m'aiment bien bizarrement, Pantalacci. Pourquoi faites-vous ces réunions étranges dont je n'apprends rien que par hasard?
– C'est pour le cimetière.

– Quel cimetière?...

– Le cimetière.

– Et alors?

– Et alors... qu'allons-nous devenir?... Qui voudrait de nous? Même en payant? Et qui reprendrait la baraque? Nous nous demandons même, entre nous, pourquoi tu tiens à cette bicoque et à des galvaudeux de notre genre.

– Je tiens à vous, Pantalacci, comme on tient à ses vieilles pantoufles. Et puis parce que, quand je vous ai connus, vous n'étiez pas comme aujourd'hui. Et puis parce que après tout je garde un petit espoir.

– Basta pour l'espoir, me dit-il. Basta pour les vieilles pantoufles. Nous allons tout faire sauter. A la cheddite. Ou nous laisser crever. Alors, nous voulons un cimetière.

– Et si je ne vous quitte pas? Vous n'allez pas me quitter?

Il n'a pas répondu.

– Laissez-vous attraper.

– Si nous nous laissons attraper, sans que tu te donnes de peine, ça pourra réussir une fois mais pas souvent.

– Alors?

– Alors, essaie encore.

– Je ne peux plus.

Il m'a retourné le fer dans la plaie.

– Oui, un cimetière un peu convenable, avec quelques colonnes tronquées, des petites cabanes en verre et des petits machins en perles pour briller au clair de lune.

– Ne parlons plus de ça, lui dis-je. Je ferai faire des réparations.

– Non, tu nous l'as trop dit.

– Payez-moi vos loyers.

Il s'est donné l'air absorbé.

– Ce qu'on préférerait, dit-il, ce serait de l'organiser dans le coin nord. Il y a place pour tout le monde. On voudrait que tu nous paies un architecte funéraire de première, comme monsieur Fernand Portal. Alors on a organisé un syndicat des locataires. Et on choisit un délégué pour voir le maire, pour acheter des concessions. On s'arrangerait par quartier, tu donneras ce que tu voudras.

– F...-moi la paix.

Je suis parti. Je les ai laissés là. La dame de la Machine Singer jouait toujours de la trompette sur son affiche décolorée.

Je les ai vus revenir du haut de ma fenêtre. Vesuvio fermait le cortège.

Faudrait-il les prendre au sérieux?

Je sens bien qu'il se prépare des choses définitives mais je ne peux plus m'en occuper. Cette maison est trop mal tenue. Ils me fatiguent. Leurs lubies m'exaspèrent et je ne sais ce qu'ils préparent; mais tout respire une atmosphère de cataclysme et de désespoir. La tour s'allume inexplicablement. La cloche sonne à des heures impossibles. Je ne puis suivre leur vie, leurs ruses, leurs intrigues, leurs cabales. Et cette demande de cimetière, est-ce un chantage? Ou bien un avertissement? Ils vivent en dehors de moi. C'est un désordre épouvantable. Chacun s'agite. Chacun réclame sa vie ou peut-être sa mort. Ils demandent chacun quelque chose. Quant à moi, je n'y suffis plus.

Personne ne peut administrer la vieille maison. Personne ne peut prendre ma suite. Il me semble pourtant que quelques vieux amis... mais pour les mettre au courant il faudrait une vie. J'ai essayé de faire une liste, un inventaire... c'est de la folie. Quant à vendre, il n'y a même pas à en parler.

Cette nuit encore, les Hommes de Neige sont arrivés. Il a fallu que je me lève. Ils voulaient une photo tout de suite avec un cadre, une étiquette, que sais-je encore? Il aurait fallu un sapin, pour le décor, et une montagne : une montagne chez moi! sur un palier bourgeois!... et je ne veux pas loger de montagne! Quand personne ne s'essuie les pieds sur le paillasson et que ma logeuse se plaint de la boue tous les matins. Ils n'auront même pas une colline. J'ai assez de locataires comme ça...

Ces gens-là t'ont mis à la porte. Ils célèbrent seuls leurs mystères. Ils illuminent, ils officient seuls. Tu as encore trouvé ta porte verrouillée. Tu n'es plus qu'un mendiant borgne sur les marches de la mosquée.

Qui commande dans cette maison? Ils m'ont relégué à la porte. C'est à moi de les gouverner! Ils sont devenus plus forts que moi : ils sont trop. Je n'ai plus de souvenirs, je n'ai plus d'enfants. Je n'ai plus de chez moi. Pantalacci leur fait faire en série des répétitions de mort subite. Ils chantent le *Dies irae.* Il les envoie se confesser par rang de trois. On a dû faire venir exprès un chanoine de la cathédrale et quatre vicaires du chef-lieu. Tous les confessionnaux sont pleins et on entend bourdonner des prières tout le jour et toute la nuit. Ils veulent me faire prendre au sérieux leur stupide histoire de cheddite. Mais je sais bien ce que je ferai.

Ils m'ont mis à la porte? Ils veulent vivre sans moi? Peut-être moi aussi me résoudrai-je un jour à vivre sans eux, sans moi-même; un jour j'irai prendre ma flûte. Je finirai bien par la retrouver; j'irai dans les couloirs, ils me suivront partout comme le flûteur de Hamelin quand il jouait dans les rues de la ville et que tous les rats sortaient des trous et le suivaient en procession. Ils sortiront tous à la fois comme les collégiens qui sortent de l'étude, des classes et de toutes les portes, à midi, quand la cloche sonne. Ils dévaleront les escaliers, ils sortiront du labyrinthe, des sous-sols, de leurs coffres, de leurs placards, de leurs greniers, de leurs armoires. Je ne ferai semblant de rien. Je les noierai dans la rivière. Je les noierai comme des rats.

La dame de la Machine Singer sonne toujours de sa trompette. La dernière lumière s'est éteinte au sommet de la tour Saint-Gilles.

Je les noierai comme des rats.

Le vent souffle depuis trois jours dans les ruelles, cet aigre vent de la semaine sainte qui tourbillonne autour de la fontaine. On ne sait rien de la tante Fanny. Ils vont se réunir le soir dans la chapelle et c'est un étrange spectacle que de les voir dans cette grotte obscure piquée de points d'or par les cierges avec les saints de vitrail qui portent tout en haut des corbeilles de fleurs ou des bêtes transparentes : l'agneau, le chien, le dragon de Saint-Michel.

Veulent-ils me faire prendre au sérieux les menaces de Pantalacci ?

Ils ont exhumé le corbillard qu'on avait rangé dans la serre et ils font des répétitions sur la pelouse du nord-est.

Voilà où en sont les choses. Veulent-ils me faire chanter? Je ne peux pourtant pas enterrer le petit Chouleyre qui prend si bien la pose, ni madame Petitprince qui danse dans les bourrées. Et ces vieilles dames qui expirent dans le grenier...

Je suis entré dans la maison. Je l'ai trouvée à peu près vide. Ils sont partis. Que va-t-il arriver?

Desmartin est revenu cette nuit au balcon. J'ai fermé mes volets pour ne pas l'entendre. A quoi bon? Que peut-on sauver?

Cet après-midi, un télégramme m'a appris que la tante Fanny était tombée dans un état très grave. C'était bien ce que je redoutais. Elle ne se rappelle plus rien, elle ne voit plus clair, elle voudrait mourir près des siens. J'ai été étrangement troublé par cette nouvelle; c'était celle que je redoutais le plus.

Comme il n'y a plus personne qui puisse s'occuper d'elle dans cet immeuble déserté, je l'ai fait porter à l'hôpital.

Il ne reste plus d'elle qu'un squelette léger

comme celui d'un oiseau, recouvert d'une peau trop longue. Elle ne parle plus que de son enfance. On l'a logée dans une grande salle où on glisse sur le parquet ciré, la salle de médecine générale. Une petite Espagnole qui a la jambe cassée la regarde avec peur quand elle parle en songe. Au fond, derrière un paravent, il y a des femmes qui meurent plus ou moins discrètement; une sœur sourde distribue à haute voix, sans méchanceté, des délais de grâce.

On a porté la tante Fanny dans la salle d'isolement parce que ses cris dérangeaient les malades. Il a neigé. Le jardin est blanc et le squelette d'un pommier s'y dessine comme une patte de poule. Deux vieilles femmes sont dans la même chambre, l'une assise sur son lit qui ne cesse de parler :

– Pauvre petite maman, dit-elle. Priez bien le Bon Dieu pour elle. Vous n'auriez pas des pastilles de Vichy?

L'autre a une tête de sorcière shakespearienne, elle remue des bras sans mains, parce qu'on a cousu l'orifice de ses manches. Pour quelles affreuses raisons?... Il fallait l'empêcher de se lever sur son lit et de déclamer en retroussant sa chemise.

J'ai obtenu qu'on change de chambre la tante Fanny, mais elle a dû y revenir bientôt pour des motifs administratifs incombattables. Ses arrière-petites-filles qu'une sœur avait amenées ont eu peur d'entrer dans la pièce.

J'étais allé les promener ce matin. Un coup de téléphone m'a appris que la tante Fanny était morte dans la nuit. On n'avait pu me prévenir à temps, ni faire venir ses petites-filles à son lit d'agonie, parce que le bureau compétent n'était pas ouvert à ce moment. Il ne faut pas mourir à n'importe quelle heure.

J'ai retrouvé sa petite-fille au pied de son lit. La tante Fanny n'était plus qu'une marionnette à tête de bois, la bouche fermée comme avec des clous. La sorcière shakespearienne agitait dans l'espace ses bras sans mains comme pour des imprécations. L'autre oratrice, assise sur son lit, réclamait des pastilles de Vichy au cadavre. Les fillettes terrifiées sont devenues toutes blanches. Elles n'ont pas voulu entrer. On a porté la tante Fanny au dépositoire de l'hôpital, un petit pavillon glacial où traînaient des tréteaux et des draps mortuaires et qui sentait le cadavre frais, car l'hiver était rigoureux et il venait plusieurs morts par semaine.

On l'a soudée dans un cercueil en zinc. Elle n'était plus qu'un bâton de bois enveloppé dans une serviette, avec une tête de poupée sculptée dans le buis, la bouche terriblement fermée sur un secret qui devait être amer. Ce qui faisait le plus de mal c'était son front, derrière lequel avaient dû se dérouler tant de visions désespérées. Elle n'avait cessé de revoir son enfance à l'époque où l'on cousait des gants au coin du feu.

Elle assista à sa soudure avec un air de sévérité. Le couvercle tomba sur elle comme un voile sur un portrait. Il n'y eut plus qu'une caisse sur le bitume, entre des cierges, avec des planches et des draps noirs par-ci par-là. L'odeur des fleurs et d'un désinfectant qui faisait des huit sur le sol luttait dans l'air avec celle de la mort. Un courant d'air glacé tournait autour des cierges et une vitre en verre dépoli empêchait la lumière de la neige de pénétrer.

La tante Fanny fut portée à l'église. Une crèche de Noël qu'on devait déménager traînait dans le coin du baptistère avec ses brebis, ses glaçons, ses rochers de carton, et des petits canards bleus et rouges nageaient sur un miroir, au milieu de la mousse artificielle. Un marin avait mis deux sous dans la boîte à musique qui disait : « Donnez et je chanterai. » Et la boîte à musique chantait un vieux Noël. Le marin s'éloigna quand on entra la bière mais l'air continua longtemps, grêle et vieillot, puis s'arrêta pendant qu'on déposait le cercueil, avec un bruit de ressort cassé. Ce fut là que la tante Fanny passa la nuit.

Le lendemain, une auto des pompes funèbres vint la prendre pour l'emporter dans son pays. Le voyage dura tout le jour et toute la nuit. A dix heures du soir il fallut s'arrêter sur une pente, dans la neige, pour vider tout le charbon de bois du gazogène. Il fallut aider le chauffeur. Quand le charbon était éteint, on le rechargeait dans des sacs. Le vent était violent et glacial. La nuit se passa sur la route.

Le lendemain, à cinq kilomètres du but – on était dans de grandes montagnes – la voiture ne put plus monter. La pente était trop forte et la neige trop épaisse. On dut se procurer un traîneau.

La petite église était en haut de la montagne, entourée de sommets et de massifs géants. La pauvreté du lieu, le froid, l'hiver et ces grands monts donnèrent du moins à la cérémonie une noblesse qui racheta la misère de cette agonie d'hôpital. Six hommes portèrent la bière, à bras, en suivant des tranchées de neige jusqu'au cimetière dont on ne voyait que le haut des murs qui faisaient un rectangle noir sur la pente blanche. Le ciel était d'un bleu d'émail.

Quand le prêtre eut dit les dernières prières, un vent glacé se mit à souffler. Il arracha un papier blanc des mains d'un homme, et le papier s'envola si loin que je ne le vis pas tomber.

Je me suis retrouvé le soir dans une ville piquée de rares points d'or par l'éclairage de guerre. Une musique sortait d'une brasserie, des rails fuyaient à l'infini. Un vent soufflait dans la ville, semblable à celui du matin. Comme là-haut, il traînait un papier. Je me suis dit, invraisemblablement, que c'était peut-être le même. Le vent l'a déposé à deux mètres de moi. Je l'ai ramassé superstitieusement. Ce n'était qu'une page de cahier d'écolier, à marge rouge et à petits carreaux, la fin d'un devoir : X = ...

– X = quoi? me suis-je demandé.

J'ai visité la maison vide. La flûte était sous l'oreiller de la tante Fanny.

Je leur ferai faire leur cimetière.

Mais comment vivre désormais sans ma maison?

DU MÊME AUTEUR

Romans :

BATTLING LE TÉNÉBREUX OU LA MUE PÉRILLEUSE, Gallimard, 1928.
Prix Blumenthal. L'Imaginaire, 1982, *préface d'Angelo Rinaldi.*

LE FIDÈLE BERGER, Gallimard, 1942. Folio, 1984,
préface de Ferny Besson.

LES FRUITS DU CONGO, Gallimard, 1951.
Prix international du roman de langue française. Prix Charles-Veillon.
Folio, 1981.

LA MAISON DU JOUEUR DE FLÛTE, Arléa, 1986,
préface de Ferny Besson.

LA DAME DU JOB, Arléa, 1987.

Nouvelles :

BADONCE ET LES CRÉATURES, La Cigale, 1937. Julliard, 1982,
préface de Gabrielle Rolin.

L'AUBERGE DE JÉRUSALEM, Le Dilettante, 1986,
préface de Ferny Besson.

Voyages :

LA BASSE AUVERGNE, de Gigord, 1936.

Ouvrages illustrés :

L'AUVERGNE ABSOLUE, Julliard, 1983,
préface de Ferny Besson.

JEAN DUBUFFET ET LE GRAND MAGMA, Arléa, 1988,
préface et iconographie de Jean Dubuffet.

Chroniques (choisies par Ferny Besson)

DERNIÈRES NOUVELLES DE L'HOMME,
préface de Jacques Laurent,
introduction de Ferny Besson, Julliard, 1978. Presses Pocket, 1982.

ET C'EST AINSI QU'ALLAH EST GRAND,
préface de Jacques Perret, Julliard, 1979.

L'ÉLÉPHANT EST IRRÉFUTABLE,
préface de Pierre Daninos, Julliard, 1980.

ALMANACH DES QUATRE SAISONS,
préface de Jean Dutourd, Julliard, 1981.

ANTIQUITÉ DU GRAND CHOSIER,
préface de René de Obaldia, Julliard, 1984.

BANANES DE KÖNIGSBERG,
préface de Ferny Besson, Julliard, 1985.

LA PORTE DE BATH-RABBIM,
préface de Ferny Besson, Julliard, 1986.

ÉLOGE DU HOMARD ET AUTRES INSECTES UTILES,
préface de François Taillandier, Julliard, 1987.

LES CHAMPIGNONS DU DÉTROIT DE BEHRING,
préface de Charles Dantzig, Julliard, 1988.

Cahiers de l'Herne

(Extraits du catalogue du Livre de Poche)

Julien Gracq 4069

Julien Gracq, le dernier des grands auteurs mythiques de la littérature contemporaine. Par Jünger, Buzzati, Béalu, Juin, Mandiargues, etc. Et un texte de Gracq sur le surréalisme.

Samuel Beckett 4934

Mystères d'un homme et fulgurance d'une œuvre. Des textes de Cioran, Kristeva, Cixous, Bishop, etc.

Louis-Ferdinand Céline 4081

Dans ce Cahier désormais classique, Céline apparaît dans sa somptueuse diversité : le polémiste, l'écrivain, le casseur de langue, l'inventeur de syntaxe, le politique, l'exilé.

Mircea Eliade 4033

Une œuvre monumentale. Un homme d'exception, attaché à l'élucidation passionnée des ressorts secrets de la vie de l'esprit. Par Dumézil, Durand, de Gandillac, Cioran, Masui...

Martin Heidegger 4048

L'œuvre philosophique la plus considérable de XXe siècle. La métaphysique, la pensée de l'Être, la technique, la théologie, l'engagement politique. Des intervenants prestigieux, des commentaires judicieux.

René Char 4092

Engagé dans le surréalisme et chef de maquis durant la seconde guerre mondiale, poète de la dignité dans l'épreuve et chantre de la fraternité des hommes, René Char confère à son écriture, au lyrisme incantatoire, le style d'un acte et les leçons d'un optimisme en alerte. Par Heidegger, Bataille, Reverdy, Eluard, Picon, O. Paz...

Jorge Luis Borges 4101

Enquêtes, fictions, analyses, poésie, chroniques. L'œuvre, dérive dans tous les compartiments de la création. Avec Caillois, Sabato, Ollier, Wahl, Bénichou...

Francis Ponge

La poésie, coïncidence du parti pris des choses et de la nécessité d'expression. Quand le langage suscite un strict analogue du galet, de l'œillet, du morceau de pain, du radiateur parabolique, de la savonnette et du cheval. Avec Gracq, Tardieu, Butor, Etiemble, Bourdieu, Derrida...

A paraître : **Henri Michaux.**

Le Livre de Poche Biblio

Extrait du catalogue

LE LIVRE de POCHE

Sherwood ANDERSON
Pauvre Blanc

Guillaume APOLLINAIRE
L'Hérésiarque et Cie

Miguel Angel ASTURIAS
Le Pape vert

James BALDWIN
Harlem Quartet

Adolfo BIOY CASARES
Journal de la guerre au cochon

Karen BLIXEN
Sept contes gothiques

Mikhail BOULGAKOV
La Garde Blanche
Le Maître et Marguerite

André BRETON
Anthologie de l'humour noir

Erskine CALDWELL
Les Braves Gens du Tennessee

Italo CALVINO
Le Vicomte pourfendu

Elias CANETTI
Histoire d'une jeunesse - *La langue sauvée*
Histoire d'une vie - *Le flambeau dans l'oreille*
Les Voix de Marrakech
Le Témoin auriculaire

Blaise CENDRARS
Rhum

Jacques CHARDONNE
Les Destinées sentimentales
L'Amour c'est beaucoup plus que l'amour

Joseph CONRAD et Ford MADOX FORD
L'Aventure

René CREVEL
La Mort difficile

Alfred DÖBLIN
Le Tigre bleu

Iouri DOMBROVSKI
La Faculté de l'inutile

Lawrence DURRELL
Cefalù

Friedrich DURRENMATT
La Panne
La Visite de la vieille dame

Jean GIONO
Mort d'un personnage
Le Serpent d'étoiles

Jean GUÉHENNO
Carnets du vieil écrivain

Lars GUSTAFSSON
La Mort d'un apiculteur

Henry JAMES
Roderick Hudson
La Coupe d'Or
Le Tour d'écrou

Ernst JÜNGER
Jardins et routes *(Journal I, 1939-1940)*
Premier journal parisien *(Journal II, 1941-1943)*
Second journal parisien *(Journal III, 1943-1945)*
La Cabane dans la vigne *(Journal IV, 1945-1948)*
Héliopolis
Abeilles de verre
Orages d'acier

Ismaïl KADARÉ
Avril brisé
Qui a ramené Doruntine ?

Franz KAFKA
Journal

Yasunari KAWABATA
Les Belles Endormies
Pays de neige
La Danseuse d'Izu
Le Lac
Kyôto
Le Grondement de la montagne
Tristesse et Beauté
Le Maître ou le tournoi de go

Andrzeij KUSNIEWICZ
L'État d'apesanteur

Pär LAGERKVIST
Barabbas

D.H. LAWRENCE
L'Amazone fugitive
Le Serpent à plumes

Sinclair LEWIS
Babbitt

Carson McCULLERS
Le cœur est un chasseur solitaire
Reflets dans un œil d'or
La Ballade du café triste
L'Horloge sans aiguilles

Thomas MANN
Le Docteur Faustus

Henry MILLER
Un diable au paradis
Le Colosse de Maroussi
Max et les phagocytes

Vladimir NABOKOV
Ada ou l'ardeur

Anaïs NIN
Journal 1 - *1931-1934*
Journal 2 - *1934-1939*
Journal 3 - *1939-1944*

Joyce Carol OATES
Le Pays des merveilles

Edna O'BRIEN
Un cœur fanatique
Une rose dans le cœur

Liam O'FLAHERTY
Famine

Mervyn PEAKE
Titus d'Enfer

Augusto ROA BASTOS
Moi, le Suprême

Joseph ROTH
Le Poids de la grâce

Raymond ROUSSEL
Impressions d'Afrique

Arthur SCHNITZLER
Vienne au crépuscule
Une jeunesse viennoise

Isaac Bashevis SINGER
Shosha
Le Blasphémateur
Le Manoir
Le Domaine

Robert Penn WARREN
Les Fous du roi

Virginia WOOLF
Orlando
Les Vagues
Mrs. Dalloway
La Promenade au phare
La Chambre de Jacob
Années
Entre les actes
Flush
Instants de vie

IMPRIMÉ EN FRANCE PAR BRODARD ET TAUPIN
Usine de La Flèche (Sarthe).
LIBRAIRIE GÉNÉRALE FRANÇAISE - 6, rue Pierre-Sarrazin - 75006 Paris.

ISBN : 2 - 253 - 05131 - 4

42/3127/0

La Maison du joueur de flûte

« Je garde l'espoir que lorsque j'écrirai cette histoire j'en aurai oublié le désolant climat et retrouvé ce que dicte la vie et que la cervelle ne sait pas. » Tel était le souhait d'Alexandre Vialatte en composant avec mille difficultés *La Maison du joueur de flûte.* Mais de même que les enfants fragiles sont parfois les mieux aimés, Vialatte garda une tendresse particulière pour ce court récit qui, d'une certaine manière, le mettait à nu et dévoilait ses rapports intimes avec ses chimères.

Vialatte était un homme d'humeur et d'inspiration. L'égal bonheur avec lequel il rédigeait ses chroniques journalistiques permet de s'en convaincre. Il travaillait dans la spontanéité, l'enthousiasme, animé d'une sorte de grâce insolente qui n'appartenait qu'à lui. Dès que l'inspiration venait à lui manquer ou, du moins, dès qu'il hésitait, son style perdait ce naturel désinvolte qui était la marque de son génie. Y gagnait-il une densité plus âpre ou plus sincère ? *La Maison du joueur de flûte* nous donne peut-être aujourd'hui la clé de son œuvre, de ses romans inachevés, de ses fragments de textes, de ses esquisses, de ses notes…

Ce récit est un peu à Vialatte ce que *Noé* est à Giono. Les deux écrivains y ont exploré leurs liens avec leurs personnages. Ecrit pour une bonne part au cours de l'hiver 1943-1944, à Saint-Amant-Roche-Savine (à quelques kilomètres d'Ambert), *La Maison du joueur de flûte* devait faire partie de son grand cycle romanesque *La Complainte des enfants frivoles.* Avec une ferveur créatrice peu commune, si l'on pense qu'il poursuivait dans le même temps son travail de journaliste et de traducteur, Vialatte menait alors de front trois romans : *La Dame du Job, Les Enfants du labyrinthe* et *La Maison du joueur de flûte.* Il allait de l'un à l'autre, cherchant pour chacun d'eux le ton, le rythme, l'angle d'approche. Mais *La Maison du joueur de flûte* continuait à lui résister. A plusieurs reprises il en modifia la fin. *La Maison* lui échappait encore et toujours.

Ce récit propose une sorte d'allégorie de la création littéraire. Un homme revient chez lui après une longue absence, mais il ne peut plus entrer dans sa maison. Il n'arrive pas non plus à tirer une seule photographie réussie des locataires qui y vivent. Réduit à observer à travers les fenêtres les faits et gestes de ses habitants devenus des marionnettes dérisoires aux comportements singuliers et inexplicables, il laisse son esprit suivre ce curieux ballet d'ombres et de lumières : « un carnaval mélancolique plein de dorures et de chansons ». Comme pour les autres récits du cycle de *La Complainte des enfants frivoles* apparaît ici la volonté de Vialatte de situer sa fiction, son « château d'images », entre les deux pôles de ce qu'il nommait « le carnaval de la vie » : d'un côté le vertige de la nostalgie et l'annonce du malheur révélé par le choix du mot « complainte »; de l'autre, l'allégresse, la légèreté, l'insouciance, la griserie évoquées par « les enfants frivoles ».

(Suite au verso.)

Vialatte ne raconte rien, il suggère. Sa quête devient une aventure, un voyage immobile et dangereux, une confusion insidieusement entretenue par les sinuosités de la mémoire et du songe. Tout est admissible et rien n'est certain. Son texte demeure énigmatique, impalpable. Ses silhouettes-pantins se déplacent aux frontières de l'indicible, entre veille et sommeil; ironiques et désespérées, elles portent déjà au fond d'elles-mêmes l'empreinte de leur mort brutale, du destin violent qui les jettera aux confins de la nuit. Quoi d'étonnant alors de retrouver d'un livre à l'autre les principaux personnages de la mythologie de Vialatte, ceux-là mêmes qui travaillent à déguiser la mort, comme ce Frédéric Lamourette devenu soldat, montant la garde dans les Vosges ? Où commence l'imaginaire, où finit la réalité ? Vialatte exprime là clairement le rapport essentiel du créateur avec son monde intérieur. Impuissant à démasquer ses personnages, à les charmer, à les ensorceler, comme le fit jadis le joueur de flûte avec les rats et les enfants de la ville d'Hamelin, il ne peut qu'assister à leurs stériles arabesques, leurs rêves absurdes, leurs folles extravagances...

Un jour, parlant de l'écriture et de ces lieux à la fois familiers et inconnus que sont les zones de la conscience tant pressenties et redoutées, Vialatte disait : « C'est le tourment de *La Maison du joueur de flûte*. » Les fards, les masques, les parades, les chansons sont des façons de tromper l'angoisse de la mort. Il ne reste plus au montreur d'images, au magicien des ombres qu'à continuer ses tours et à faire semblant de ne plus avoir peur.

Nicole Chardaire